百年巨匠

清新隽远新天地

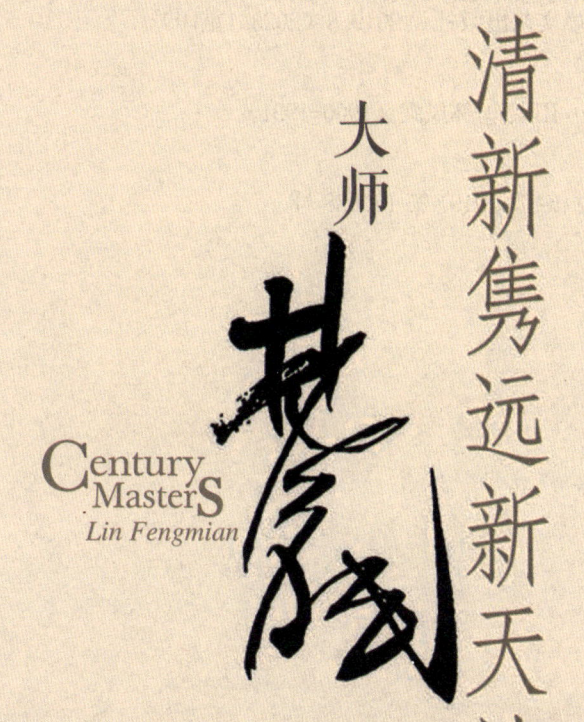

大师林风眠

Century Masters
Lin Fengmian

月满天星 ◎ 著

敦煌文艺出版社

图书在版编目（CIP）数据

百年巨匠：国际版．清新隽远新天地：大师林风眠／月满天心著．— 兰州：敦煌文艺出版社，2019.8（2023.1重印）
ISBN 978-7-5468-1754-5

Ⅰ．①百… Ⅱ．①月… Ⅲ．①林风眠（1900—1991）—传记 Ⅳ．①K825.72

中国版本图书馆CIP数据核字（2019）第130638号

百年巨匠 国际版系列丛书

清新隽远新天地

大师林风眠

月满天心　著

责任编辑：郭　玲
装帧设计：李晓玲　禾泽木

敦煌文艺出版社出版、发行
地址：（730030）兰州市城关区读者大道568号
邮箱：dunhuangwenyi1958@163.com
0931-2131373　2131397（编辑部）　0931-2131387（发行部）

三河市嵩川印刷有限公司印刷
开本 710毫米×1000毫米　1/16　印张11.75　插页1　字数160千
2020年1月第1版　2023年1月第2次印刷
印数：3 001～6 000

ISBN 978-7-5468-1754-5
定价：48.00元

如发现印装质量问题，影响阅读，请与出版社联系调换。
本书所有内容经作者同意授权，并许可使用。
未经同意，不得以任何形式复制转载。

目录 Contents

第一章 林风眠画作赏析
2　第一节　风眠体与齐白石野趣
9　第二节　突破与造诣
17　第三节　静物中的美与规矩

第二章 故乡，半是恩义半伤情
22　第一节　一方水土
24　第二节　悲情母亲
28　第三节　温情祖父
31　第四节　父亲启蒙

第三章 法国留学
36　第一节　初到法国
40　第二节　春之抉择

45　第三节　崭露头角

第四章 德国之行
48　第一节　一战后的德国
50　第二节　巨幅油画与爱情
54　第三节　浪漫催生的灵感

第五章 回到法国
58　第一节　莱茵宫大展
61　第二节　伤心欲绝妻子去世
64　第三节　《摸索》与蔡元培
67　第四节　又结姻缘
70　第五节　来自蔡元培的邀请

第六章　短暂的艺专校长

- 74　第一节　北平艺专
- 77　第二节　拥有超前教育理念的校长
- 82　第三节　个人大展与北平生活
- 85　第四节　聘请齐白石
- 88　第五节　风云突变

第七章　大展宏图，推动美育历史

- 94　第一节　人道与《人道》
- 96　第二节　筹办国立艺术大学
- 104　第三节　重建教师队伍
- 108　第四节　学生中的佼佼者
- 113　第五节　开基本功训练之先河
- 120　第六节　杭州重要的十年

第八章　战争爆发，画风突变

- 124　第一节　南迁之路 毁掉珍贵画作
- 127　第二节　逃亡途中，大量创作中国画
- 131　第三节　冒险拜会张学良
- 134　第四节　短暂团聚
- 140　第五节　风眠体横空出世
- 145　第六节　再回艺专

第九章　历劫，十年浩劫噩梦生

- 152　第一节　毁掉的艺术与美
- 155　第二节　莫须有罪名入狱
- 158　第三节　出狱亦苦
- 161　第四节　赵无极长跪救恩师

第十章　定居香港，晚景辉煌

- 164　第一节　人到暮年，远离故乡
- 166　第二节　拜祭先生，探望妻女
- 169　第三节　定居香港，晚景辉煌
- 175　第四节　频繁画展，名声渐起
- 180　第五节　星辰陨落

第一章
林风眠画作赏析
LINFENGMIAN HUAZUO SHANGXI

百年巨匠

艺术的第一利器,是他的美;艺术的第二利器,是他的力!艺术,是人生一切苦难的调剂者;我们应该认定,艺术一方面调和生活上的冲突;一方面,传达人类的情绪,使人与人之间互相了解。

第一节
风眠体与齐白石之野趣

中国近代绘画史有两次震荡,一次是齐白石带来的,一次就是林风眠。勇于改变的人都是相通的,在齐白石不被主流画坛接受的时候,年轻的林风眠递出了信任的橄榄枝,邀请齐白石到北京艺专做教授。齐白石上课的时候,林风眠必为他准备一把椅子,下课后恭送到门口。如此,林风眠得到了齐白石的真正认可和敬佩。

齐白石是近代第一位给中国画带来新生命的画家。在他之前,好古之风日盛,中国画固守传统,止步不前,已到曲高和寡的地步,普通人欣赏不了,也不爱欣赏,于是画家们就在小圈子里自己玩儿。

齐白石是让中国画走向民间的第一人。

齐白石 　　　　　　　　　　　　　　齐白石作品《荷花》

　　齐白石出身木工，这也奠定了他的趣味与选择。他一生都在画花鸟、蔬果、山水等，笔墨雄浑滋润，色彩明快分明，简洁生动，寥寥几笔便趣味横生。他是近代最爱画田园的画家，笔下多是开在寻常篱笆的牵牛花，吊在架上的豆角、倭瓜、丝瓜，在草丛间蹦跶的蚂蚱、蟋蟀等这些没人注意的小花小果小动物。他画的钟馗等人物，题材都是来自民间传说。他不追求高古，也不模仿古人，只在自己熟悉的范围内发掘美和趣，并用笔墨将它们表现出来。他用充满童趣的天真的心态作画，不管不顾。兴之所至，他便将辣椒与白菜画在一起，红与白对比鲜明。他爱白菜，觉得白菜应是菜之王："不是独夸根有味，须知此老是农夫。"面对主流圈对他的嘲讽，他的反击更像是个孩子："我就是一个农夫，怎么样？"

　　当林风眠第一次来请他讲学的时候，他没有答应：我不跟你们玩儿，我自己玩得好着呢！后来他发现林风眠虽然身为校长，年纪轻轻赫赫有名，却并不是他想的那样——他也有一颗天真纯粹的心，他也是寻求变通的人。所以，齐白石接受了林风眠，主流也接受了齐白石。林风眠此举，造福的不仅仅是一代学生，还有中国画坛。

　　齐白石拥有一颗乡心、童心、农心，他将这些融进画中，跟之前流行的文人画、高古画完全不同，惹来争议是很自然的事，但是他也给中国画的题材提供

林风眠作品《渔村丰收》

了一种新的思路。他并不是只注重趣味的人。他笔下与粗枝大叶的植物相配的,必有精细小草虫。工草结合,画质完美。

齐白石最著名的语录是:"作画妙在似与不似之间,太似为媚俗,不似为欺。"这句话总结了他的艺术格调。但他也不是毫无章法只重意趣与对比,他对点、线、面的追求很奇妙。他不延续古人,并不代表他没有章法。他喜欢落穷款,呼应极简的构图,几幅经典的极简画,意韵生动。齐白石最会画虾、小鸡,但是他不单单只画小鸡和虾的常态,他会将小鸡画成吵架、将虾画成嬉戏的样子。他笔下的是生活之趣,这又跟林风眠的理念有交集的地方。林风眠曾经说过:"画鸟要像人,画花要像少女,否则你画他做什么?"

齐白石将趣味融入绘画,林风眠将感情融入绘画,他们几乎是同时引领了一场那个时代的中国画革命。

与齐白石的天真知趣不同,林风眠在中年时期开始追求一种纯净美。读他的画,你读到的不是趣味,而是诗意。那种天真自然的诗意,就像水遇见了水,自然融入,毫无痕迹。

林风眠在美术事业上的贡献更大,他的画自成一派,还将中西方的绘画技巧巧妙地融会贯通。他在新时代的美育教育上大胆改革,开辟新路,取得了很大的成绩,培养出一批优秀的画家。林风眠之后的艺专,便再难出大师。

林风眠最重要的成就,是给中国画开辟了一条新路。抗战时期,他在重庆嘉陵江畔隐居,专心作画,研读宋画,得到启发,独创了风眠体。

风眠体最重要的创新,就是将所有题材都融入小小斗方之内。天地万物,融于方纸,这样对构图要求很高,于是,他在造型上采取了新的方式,注重表现感情。他还摒弃了中国画向来比较讲究的诗书画印一体形式,他说:"书法是书法,绘画是绘画,终究是不同的东西。"他不相信书法对线条的影响,所以他大概是国内唯一一位画画却不习书法的画家。

林风眠一生不懂书法艺术,他在绘画中刻意削弱了书法用笔,你欣赏他的画，便不能从书法的角度来看，没有藏锋、中锋、侧锋。他也尽量削弱绘画中线的作用，取而代之的是色彩与墨块。还有就是，他吸收了许多民间工艺的东西，并将之融进绘画，这一点与齐白石有相同之处，只不过齐白石注重的是野趣，他注重的是民间艺术。他在很大程度上吸收了中国民间技法，在青花瓷上画线的速度和流畅感，让人可以说他背离传统，也可以说是将传统发扬光大。

林风眠作画时很少让人观看，都是关起门来默默地画。直到晚年在香港的时候，有人终于有机会看他作画，观者十分惊讶，说他画线的速度像飞一样，但是线条挺拔有弹性，十分流畅。这是他修炼了几十年的结果，也是他借鉴青花瓷画法，技艺纯熟的展现。

至于落款、印章、题诗这些中国传统画家毕生追求完美统一的构图形式，都被林风眠打破了。他的构图圆润丰满，用色大胆淋漓，不怕俗气。为了改变水墨色彩一入生宣便洇开四散的问题（这在别的画家并不是问题，而且这种随意自然洇开，常常被视为独特），他想出了一个办法，先将水彩在宣纸上涂一层，这样再画颜色就不会洇开了。他不用字与款调整画面，而用色彩来调整。他将颜色调了墨去画画，明丽便被削弱了。

齐白石的野趣随意，林风眠的中西融会贯通，分别给中国画开启了一条新路。

风眠体横空出世，他不用书法方式运笔作画，甚至将题款等统统从画面上淡化，让画只是画。他受宋画小品启发，在斗方上作画，方寸之间，万物能入纸端。风眠体构图圆润、丰满，林风眠的很多画构图完整，根本没有题款的位置，索性就不题。这让一众沉迷在传统文人画的画家大为恼火，甚至出言不逊。

林风眠推翻了文人画，不能不说这是一个大震动。风眠体的出现，让另外一部分毫无出路的画家们恍然大悟：原来画画还有另外一条路，大家本不必都挤在死胡同里沉闷无趣着。

林风眠早期就主张画家要走出去，在大自然中汲取营养，注重写生和造

Lin Fengmian

林风眠作品《游园》

型,轻临摹轻题诗轻余味,多写实,这是让画家画回归的大举动。

  真正接受齐白石的第一人是林风眠,而真正接受林风眠的人,却一直没有出现。蔡元培早期提拔林风眠,两次推荐他做北平和杭州艺专的校长,林风眠也没有辜负信任。但是这个阶段的林风眠,大部分时间只画油画,以写实与讽世为主,折射着年轻气盛和一腔热血的青春。

  等他独创风眠体引来非议的时候,蔡元培已经在香港溘然长逝,他并没有看到林风眠的转变,也没有机会再来理解他向传统绘画发出的挑战了:将西方油画与中国水墨完美结合,并且融汇于斗方之间。

如果蔡元培一直活着,林风眠大概会少一些孤独,少受一些非议吧。只可惜,命运弄人,他的知遇之人,早早地去了。

千年灿烂绘画史,在这里,还是渐渐式微了。家国的动荡、美育的缺失,大厦将倾,绝不是一个人,或者一批人能撼动的事实。

家国乱世,文人都爱隐居避世,这其实也是一种逃避和不负责任。民国之乱不同,林风眠、蔡元培等不曾想自己去隐逸,他们拿起画笔做武器,喊出了"艺术救国"这样史无前例的震耳发聩的口号。他们跟隐士不一样,他们是战士,是斗士。隐士们推动了艺术文明,大师们推动了全民觉醒,这是十分不同的两个概念。

就算如此,又怎样呢,就是有这么一群人,试图以自己微薄的力量,撼动一段历史,将歪倒的艺术之树,再扶起来。

第二节

突破与造诣

    林风眠说:"艺术在意大利的文艺复兴中占了第一把交椅,我们也应该把中国文艺复兴的主位,拿给艺术坐。"

    林风眠的画与突破,到底对近代绘画史有多大的影响?

    林风眠的思维方式是一缕春风,他从不沉溺于传统,总是能够从条条框框中跳出来,找到新的路径。

    他曾留学欧洲,在巴黎和柏林深造,既勤奋又有天赋,西方画造诣很深,又从小临摹中国画,两者结合,中西皆修。他的风格形成后,其实也并未完全推翻文人画,而是将文人画注入了新的理念和感情。

    他所开辟的新路,文人画不再以诗词题款书法为主,而是适当倾注感情。他是用一腔纯粹来作画的,在画中倾入感情,他做人也是这样,久而久之,便有了纯粹的气质,这份气质也成为他作品的一部分。

如果说王维是诗中有画,画中有诗,是一种感官上美的享受,是一种扑面而来的高级审美趣味,那么林风眠的画,也是画中有诗的;只不过,他的诗与趣不在画外,而是在直观上。他中年以后的很多画,本身就是一首诗,你看着,不用多深层次去探寻,那份清淡的诗情便扑面而来。

以画来表达画家的个人情绪,林风眠是晚清以来第一人。

刘海粟在上海艺专第一次将女模特请进了素描教室,因此掀起轩然大波,还吃了一场官司,差点被人暗杀。如果说刘海粟因背离传统中国画而成为艺术的叛徒,那林风眠就是彻头彻尾背叛了传统。他的神奇在于,他一直在背离传统,却也一直在表现传统。他中年之后的画,就像一个叛逆期的少年,始终警惕着自己不要落入传统,要保持距离。但林风眠的意义不是改良和反叛,而是他无论用水彩与水墨组合,还是用色彩与墨调和,他想推翻中国历史上的文人画,但你通过他的笔,却能看到传统中国画的风采。

仕女画是林风眠这一生中画得比较多的一个题材。历史上的仕女画也叫美人画,顾名思义就是描绘女性之美的画。美人画中人物的神态、姿态、体态,都是美的,具有典型意义的。仕女画多为精细工笔,精致微妙,以线立形,十分注重线条的流畅性与弹性,行而后韵,飘逸秀美。

林风眠笔下的仕女又与传统仕女画有许多不同。

他的仕女画有几个独特的地方,一是构图。他将构图分割得十分巧妙,也十分严谨,不会留一丝一毫的空隙,画面非常完整、饱和,所以他的画并不题字。

第二个特点,他画面上的线条跟书法完全没有关系,他运用自己的线条与色彩来表现女子体态之美。

第三个特点,他用色淡雅,多用黑白灰。黑的醒目,白的柔情;有时用色也

林风眠作品《吹笛仕女》

丰润鲜艳，白、粉、蓝、石青、绿等都用。这些强烈的色彩并没有让他的画落入庸俗，反而更添一份梦幻之美。

第四个特点，林风眠画仕女非常多，他的仕女虽然体态各异，飘逸秀美，自有一番柔骨，但几乎都是一个表情，很少变化。那些统一的表情、不同的人物，又都散发出淡淡的母性气息，慈悲、温柔，眼睛细长，瓜子脸，脸上笼罩着柔光，犹如菩萨低眉，有着不动声色的悲悯与淡淡的忧伤，但是你细看，她们却都是微笑着的，充满柔情的。

有人说，林风眠画仕女，都在沿袭着他对母亲的记忆，母亲在他生命里的印迹就那么短短几年，但是这短短几年的陪伴，却在他的记忆里停留了一生。后来在杭州任教的时候，林风眠也多次寻找母亲，却始终没有找到。

林风眠画中的每一位女性人物，都有着母爱的目光与影子，那目光又微微

林风眠作品《双雁》

有一点怯羞,那是一个年轻却不展眉的女性的目光,那是他一生最温馨的记忆和港湾。

除了母亲,这其中也有第一位妻子的幻影。他有一幅仕女画,画面上,美丽温柔的女子头顶还有另一个女子的幻影,如梦如雾一般。别人问起,他说那天他梦到了自己的妻子,又梦到了自己的母亲,因此根据梦境画成了这幅作品。

很多人诟病林风眠的仕女图,说他画的仕女没有表情,也便没有情感,却因为有一定的装饰性,而被大多数人喜欢。说得再白一点,就是诟病他的仕女图没有灵魂,只有俗丽。

这一点是仁者见仁的事,他画中的仕女表情上虽没有变化,千篇一律眉目低垂的样子,但他是有情感注入的。林风眠本身是一个重感情心思细腻的人,他在精描这些女子的时候,每一条线都有情义,只是他从不将这些在眉目间表达出来,他用形态、颜色和衣纹加以区别。

林风眠的仕女画,大多体态娴娜秀逸,有着清浅的忧伤,又有着淡淡的从容,周身都是发光的,这样具有表现力的仕女,怎么能说只有装饰作用,而没有感情呢?

孤鹜是林风眠画作中的又一大题材。

他画了太多孤鹜。中年之后的林风眠,独创一体,这是他的艺术巅峰时期,也是他最温和、唯美安静的时期。他在斗方内驰骋万物,游戏笔墨,画是内心的流露,所以这一时期的作品常常是温和舒适的。

他笔下的孤鹜,如诗一般的存在,给人的感觉就是冷清,孤寂,游离在世外,永远不入红尘。它们生活的地方,水草丰茂,芦苇摇曳,黑白与苍茫融汇在一起,灰暗与诗情一同寥落。

关于这一题材的来由,林风眠曾撰文说起过:"多年前,我住在杭州西湖,有一个时期老是发风疹病,医生和家人要我出去散步,我就天天午后一个人到苏堤上来回走一次。当时正是秋季,走来走去,走了三四个月,饱览了西湖景色。在夕照的湖面上，南北山峰的倒影，因时间的不同，风晴雨雾的变化，它的美丽，对我来说，是看不完的。有时在平静的湖面上一群山鸟低低地飞过水面的芦苇，深入在我的脑海里，但我当时并没有想画它。1949年后我住在上海，偶然想起杜甫的一句诗'渚清沙白鸟飞回'，但这诗的景象是我在内地旅行时看见渚清沙白的景象而联想到这句诗的，因此我开始作这类画。画起来有时像在湖上，有时像在平坦的江上，后来发展到各种不同的背景而表达不同的意境。"

20世纪五十到七十年代，林风眠画过一系列秋鹜，是一批拥有整体大调子的水墨写意。作品大部分用黑灰渲染，阔远，恬淡，朦朦胧胧的雾气笼罩四野，以水墨一层层叠染。秋天之辽远，秋水之缠绵，芦苇之孤寂，秋鹜之优雅，孤舟之茫然，尽在画中。天地寂寞，天地也舒阔；秋鹜清愁，秋鹜也优美。

他很少留白，但是淡墨推出的层次却又分明有序：远山如梦似幻，芦苇随风轻摆；沙洲冷，秋鹜惊。黑与灰，运用到极致。

林风眠画的鸟儿，与秋鹜、仕女等又不一样，他画的小鸟灵动纤巧。那些小鸟，或立枝头，或翩然而落，或栖月，或离枝，每一只鸟都是有表情的。

他说："画鸟就在于画鸟像人，画花像少女，如果画鸟只是像鸟，那又何必画呢？"

他笔下的鸟，都是被注入了人的情感与灵魂，与大自然和谐一体，安静纯然，互生，共情。

无论是小鸟、树枝，还是树叶，他都寥寥几笔，不做细致描绘，在似与不似之间，只取神情，更见笔墨功夫。

他不借助诗文，他不画文人画，他的画本身却都是诗，那种饱含着淡淡忧伤的诗歌。

林风眠在法国时就开始创作风景画。以室外写生为主。

抗战之后，他开始在斗方间画风景，此时的风景画更加色彩明亮，层层叠叠，层林染遍。

Lin Fengmian

林风眠作品《秋》

他很喜欢画秋天,也画了很多以秋景为主题的风景画。在他的眼里,秋没有肃杀之气,而是灿烂明丽的。在那样完美的秋景图中,落叶也是静美,黄与红,黑与灰,渲染交融,层层叠叠,连河流都是壮阔的。秋天本就是人间最美的季节,肃杀与凋零,绚丽与壮美,不过都是画家内心的映射。中年之后的林风眠,内心是没有寥落的,他充满了孩童般的天真美好,他看到的秋景,都是天地大美,夕阳日暮下的色彩流转,空间交错,那份浓郁呼之欲出。

他喜欢画枫树,浓郁的黄,笔直的树,又壮阔又大胆。

最开始创作枫林和秋景,缘起于一趟苏州之行。那是1953年,林风眠到苏州天平山游览写生,没想到,这次写生,会对他的绘画风格产生那么大的影响。他曾经对别人说过,天平山的游览使他收获很大,他觉得"可以画一种新的风景了"。这个念头在心里萦绕了两三年,他终于画出了这一系列的秋,其中包括《秋林》《秋色》《秋山》……

画此系列秋景的时候,林风眠的水墨特色已经由早期的灵动飘逸,转向了沉静与孤清。这是一个人的成长,也是内心的成熟。

第三节

静物中的美与规矩

　　林风眠中年之后逐渐形成了他的绘画风格,这个时期他爱画的题材很多,但都是恬静风格,静物也是如此。所谓静物画,其实画的就是安静不动的物品。这样说起来,所有落在画纸上的一切也都是安静不动的。所以,静物其实是一种感受,个人主观感受。后来静物被默认为这么几种——桌子上或者案几上的小物,瓶花、餐桌、水果之类的。

　　其实中国画历史上,很少有画静物的,静物大部分时候只是一种点缀,比如作为背景的闺房清供之类。中国画以人物题材起,巅峰于山水,继而花鸟。中国画也有一些瓶花蔬果,但是非常少,几乎没有什么存在感。桌案上的景物,餐桌上的吃食碗碟瓶花等景物在西方画中倒是占据很大的比例。

林风眠作品《鸡冠花与梨》

这是中国画和西方画的最明显区别之处。中国画画一朵花，一棵草，一张琴，看似静物，实际上他们要表现的是画中余味，让观者有一些想象的空间，功夫都在画外；并且这种静物画都极其简单，线条寥落，色彩清雅，依然是走画外有诗的风格。

中国自古讲究平衡，儒家文化中的平衡之术渗透各个领域，无论是艺术，政治，还是治理国家，都讲究制衡、平衡。花鸟画也一样，鸟与画，一动一静，求取平衡。

中国的花鸟画其实也画的是静物，但花鸟画的灵魂是鸟，是有动感的，所以花鸟画不能算入静物画。

西画不同，西画是感官的，用阴影光感去表现层次，去透视物体，第一眼就能抓住你；色彩是饱满的，背景也是填满的，不要余味，用表面去表现全部。林风眠画的许多静物，实则是水墨粉彩，但是骨子里，却是西画的感觉。

静物风景，是林风眠将中西画结合而后最直观的一种表现了。他画的桌上静物——安静的，浓烈的，饱满的，不用线条来表现，全部都用色彩色块来填充。这是单纯传统的中国画做不到的。

林风眠在20世纪40年代之后，画了很多风眠体的瓶花、盆花、杯盘、水果等静物作品，无论是在构图、色彩还是光影上，都大量运用了西画的方法。厚重的颜色，色块填充的背景，色块杂乱中有序，构图丰满却不突兀等等，都与中国画的留白不同。但是他的绘画形式，却依然是水墨为主，沉静、内敛，水粉水彩添加水墨，具有古典意味。

在静物作品中，林风眠将中国画的诗意，西画的生命力，完美结合。就像一个人最好的青春，遇到了世间最美好的春天。

中国古代画家之所以很少选择桌案上的小物来集中表现，一是因为余味不够，也是因为中国古代文人喜欢大格局、大格调，瓶花静物，格调不够高，很难表现出什么情绪。近代西方画融入后，尤其是林风眠将二者结合之后，静物画终于有了一席之地。静物之美，与题材无关，而是源于潜意识里对规矩与安静的需要。

就像茶道的盛极，那些条条框框的约束，其实也是为了在道德与心灵上建立一种规则，稳定人心。

画也一样，中国画最开始为宗教与政治服务，规规矩矩，无比精妙。人心比较苍茫的时候，便意味悠远，给人以梦想。宋画小品，其实也是建立一种规则，小小的方寸之间，布局、提升、明暗、诗情……时代与艺术息息相关。

林风眠独创风眠体，也是在这样一个时期，后来的瓶花等静物，多是以此构图。抗战时期,人心是乱的、茫然的、惶惶的,这样的绘画形式能横空出世,并迅速成为流行,是因为它契合了时代之需。

人心不能乱,生存的最基础状态就是安静。

不得不承认,在那样一个大时代,大师涌现,百家争鸣,但林风眠自己也是一个时代。

首先在构图上,多见斗方。在画面分割上,能牢牢掌握节奏感,就像控住情绪。色彩的宽厚与明丽,安静与生命的力量,人心乱的时候,需要艺术感与力量来稳定。

林风眠是个聪明的画家,他用仕女来表达柔情,他用孤鹜来抒发寥落,用秋情来描述舒阔,再用鸟儿抒写灵动,用静物来表达观念。一个多样的林风眠,组成一个可爱的,纯粹的画家。

第二章

故乡，半是恩义半伤情

GUXIANG BANSHIENYI BANSHANGQING

故乡，就是这样喜乐掺半，一方面恨他们，将妈妈逼到绝路……一方面不舍，爷爷的温情与故土的滋养。这份矛盾的心情，几乎贯穿了林风眠一生，每到一个回故乡的契机，他便开始纠结。

第一节

一方水土

林风眠出生在广东省梅州市。20世纪初的梅州市,保存着原始的风貌,自然生态优美而淳朴。著名的毓真公祠,是一个拥有了上百年历史的古老祠堂,老祠堂古韵幽幽。另外一所著名的建筑是联芳楼。如今的梅州已经是风景名胜区,风景秀丽,山水蜿蜒,很好地保持了历史风貌。林风眠故居,也成了风景区的一部分。一代大师出生生活过的地方,冥冥之中也有了神秘的色彩。许多人来梅州,看联芳楼,看老祠堂,也会到这里流连一下,感叹一下时光悠悠。人是脆弱的,艺术却绵延传承,大师不在了,空空荡荡的故居中,却依然有艺术的传承。

一百多年前的 1900 年,林风眠出生在这个地方。此时的梅州民风古朴，风景也古朴，远没有渗入现代文明。

外面的世界风云变幻，1900年8月，八国联军打进北京，曾经固若金汤的清王朝瞬间崩溃，慈禧带着皇帝仓皇出逃。

很快，给人们带来希望的京郊义和团被八国联军击溃剿杀。

皇城脚下，人心惶惶；大清王朝，摇摇欲坠。10月，李鸿章匆匆抵达北京，开始了和八国联军谈判的过程。

林风眠出生了。

远离政治漩涡的岭南深处，深山处世情外，人们依旧遵循着古老的守则生活，汲水而饮，日出而作，不问世事，独居一隅。传统又闭塞的镇子上，既平静又固执，多大的家国动荡都很难将惶惑流向这里，但世世代代固守的闭塞，又局限了见识，阻止了现代文明之风的涌入。所以很多时候，淳朴，也伴随着愚昧；静美，也紧跟着落后。所有的世外桃源都不问世事，有着独特的生活方式与约定俗成的道德体系。

林风眠就是出生在这样的时代背景下的安静一隅。家国动荡中，时间进入了20世纪。安静平稳的小镇岁月，却保留了原始的静美和愚昧。

这份沉重愚昧的悲剧，最终落在了林风眠母亲的头上，也将他的童年砸出了裂痕。

想来，这份遭遇也如人生，你躲开了这一份苦，必然会有另一份苦迎面而来。躲过了动荡中的举步维艰，却落入了乡绅愚昧残酷的牢笼。

第二节
悲情母亲

林风眠的母亲是一位温柔娇小的女子。他曾经在回忆中说,母亲是苗族、瑶族、客家混血后裔,姓阙,名叫亚带。

母亲勤劳,善良,温柔。

但是父亲和继祖母不喜欢她。不被丈夫和婆婆喜欢,这在 20 世纪初偏远乡村的宗族治理下,是很悲惨的事。在这种封建礼教的大环境下,女人本就是依附男人存在的,若是不被接受和喜欢,就会完全沦为一个家庭的牺牲品,没有任何话语权,没有任何存在感,除了做免费的、无休止的家务劳动,为这个家族生儿育女,就再也没有任何价值了。事实是,就算你做了这些,也是没有任何价值的。

母亲非常苦闷而压抑,每日要操持家务,做大量的活计,不仅没有来自家庭的慰藉和疼爱,还常常要承受谩骂与冷眼。

后来年轻的母亲和染坊的老板产生了感情,便遭受了比受冷遇、繁重劳务更悲惨的惩罚。

林风眠直到很多年后,还在痛悔不该带母亲走进那家染坊,直接导致她从此陷入了悲惨境地。

林风眠回忆过这段经历:那时候,他特别喜欢在傍晚时分,带着劳动了一天的母亲到村子里的一家染坊逗留。那个染坊简陋又很小,说是染坊其实也没有几种颜料,无非是一些靛青等。但就是这样普通又简单的颜色,却能令村民们破旧的衣服焕然一新。

染坊的神奇,让林风眠对色彩第一次产生兴趣,也在他心里悄悄埋下了一颗种子——原来一点简单的颜色,就能化腐朽为神奇,这是他对色彩的最早认知。

一个小小的契机,为日后成为画家埋下了种子,然而却将他母亲的命运裹挟了进去。

林风眠的初衷其实很简单,他觉得母亲是漂亮的,染坊里染出的新衣,也是漂亮的,漂亮的母亲去参观一下染坊,是很自然的一件事。

母亲的家庭生活充满愁苦,身心都是压抑的,她又年轻漂亮着,拥有鲜活的生命力与情感,所以遇到温柔的染坊老板,情感之花便开放了。一个已婚的女人和丈夫之外的男人产生了感情,这件事在小小的村落里是无法隐瞒的,他们的事很快就被发现了。在那样闭塞的地方,女人出现了这样的行为是要浸猪笼,万劫不复的。

族里做主的长辈们,将母亲绑在村口,用树枝抽,用鞭子打,不给饭、水。南方潮闷的天气多虫蚁,这些虫蚁遇到母亲年轻的身体,如同遇到了盛宴,在她身上撕咬、爬动……母亲绝望的惨叫声回荡在村落上空,也回荡在苍凉的夜色中。

族人们不肯放过母亲，几天之后，在她的身上浇了油，便打算焚火将她活活烧死。父亲竟也于心不忍，苦苦哀求族人放过她。但是那些掌握了话语权的族人们，并不肯放过她，对于触犯了族规的女人，向来是如此对待。

没有通融，无须人性。

20世纪初的偏僻农村，几乎是乡绅族长的治下，自有一套规矩和法律，无可撼动，固执冷硬。

叶君健在《火花》中写过一段话，几乎就是这么一个情形：比如族与族之间闹纠纷，争执不下，有关人员在这里摆一桌酒席，把四方的绅士请到这里来评理。

女人发生婚外情这种事，在落后愚昧的乡村族长治理下，几乎是最大的罪过。

在点火的关头，只有六岁的林风眠冲上前去，紧紧抱住母亲大喊大叫，疯了一样咆哮挣扎。他手里举着一把菜刀，对着那些麻木又猥琐的大人嚎叫，要把全族的人都杀了。

孩子的疯狂与暴怒，吓住了那些族人，他们虽然夺下了他的刀，强行将他抱回家里关起来，却并没有点火烧死母亲。

母亲没有死，但是也不会被接纳和原谅，她后来被族人卖掉了，不知流落何方，更不知命运如何。

母亲的去向成谜，也有人说经过了林风眠这一闹，母亲被悄悄沉塘了。

总之，在他六岁这一年，年轻美丽的母亲永远消失了。

这一生，他都没有再探听到母亲一丝一毫的消息。

后来他的义女冯叶写文章回忆林风眠，写过他对母亲的回忆。

他永远记得母亲的样子，他在回忆中提到：五岁时，一个秋日的午后，在小河边。母亲和她的堂嫂洗头发的情形，他记得很清楚，靠屋右侧是菜园，在菜园与空地间有一排很大的荆棘丛，开着鲜红色血一样的小花。他喜欢黑铁色树干，叶上会流出许多白汁，空地前面是一大片竹林和很粗大的槐树，不远处的

林风眠作品《宝莲灯》

一条小河,是他小时候常去捉小鱼的地方。清澈的水面下,一块一块的鹅卵石间,有很多小鱼。母亲的头发长长的,放下来很好看。他在母亲怀里发小孩子脾气,抓母亲的头发,纠缠得她没有办法继续梳洗她的头发。

他还记得母亲她们一面制酒,一面烧热水的场景。在一个大酒瓮里装好酒,放在灰堆里加热,周围烧着小树枝,同时烧水洗头发。在林风眠的记忆中,这一幅构图是很入画的,她们的衣服都是青黑色的。

这一幕与母亲相处的场景,是如此温馨甜美,他选择性记忆,将这一画面永远留在了记忆中,却尽可能忽略掉了母亲备受折磨,差点被火烧死的凄惨画面。后来他画的很多仕女,都有着这样温馨淡雅的情态,那都有他母亲的影子。

他后期的作品《宝莲灯》等,都是救母题材。潜意识里,他一生都在为没有救出母亲而感到遗憾。

第三节

温情祖父

母亲失踪后,林风眠陷入了心灰意冷中。他需要母亲,想念母亲,后来又大病一场,每日里躺在小床上,望着日出、日落,天光云影变幻。五彩的流云,染透了窗外的天空,这些美丽的色彩,在天空转换、流散,又重组,幻化出不同的色彩。小小的,失去母亲的幼儿,被天空的色彩迷住了。这长久的凝神观望,缓解了许多心理上的不安,朝阳、落日、云彩、星空,都成了慰藉。

无论多深的想念,都要勇敢活下去。林风眠在床上躺了有半年的时间,沉浸在自己的世界里,很少言语,也不能起身。慢慢地,竟然好起来了。这对家人是个特大的喜讯,家里人都特别照顾他。病好后,他不再活泼跳脱,变成了一个心理与年龄不符的孩子，沉默寡言，看一只鸟也会看上大半天，看一朵花也能看大半天。他喜欢爬山，坐在树林里，迎送着日光投下来的斑驳日影。

母亲没有了，但人世间有那么多神奇又美丽的景色，有不停息的四季变换。山峦重重叠叠，不知道蜿蜒到哪里；田野绵延苍翠，一直延伸到天边。春天里，五彩的花朵开满山坡；秋天到了，红与黄的叶子叠加出壮美的风情。他毕竟是个孩子，还没有学会在凄苦中消化痛苦，这些经历便糅杂在他日后的成长中。他喜欢各种色彩，但是无论是画作还是性格，总是有一丝似有若无的清苦之味。希望和绝望，过去与未来，就这样交织着成长。

妈妈没了，他变得孤苦无依，祖父便日日带着他，给他最大的呵护与宠爱。在这份带着怜惜的呵护中，也包含着对他未来的期许与培养。

祖父是一名石匠。石匠，是一种没有成本但非常劳苦的职业。上山找到合适的石头，在石头上凿刻出一些花纹，作为墓碑出售。这种生意注定无法赚到大钱，但也容易糊口，想来谁又能逃得过生死轮回呢？一个人去了，再穷的人家，也会想办法买一块石碑立在那里，作为纪念。

祖父、父亲，都做石匠，渐渐也摸索出经验来，这门看起来既简单又没有本钱的手艺，竟也没人能干，林家便靠这个勉强生活下去。

祖父对这个孙子没有抱别的期望，只希望他将来长大了能继承家里这门手艺，混口饭吃。于是在很小的时候，就会带着他上山去找石头。石头打下来运回来，才开始了真正的雕刻过程。祖父手里握着榔头、凿子，一下下击打在石头上，石头的碎末在眼前乱飞，混合着阳光与青草的味道。

这样"叮叮当当"凿过几天之后，石碑上的花纹就成型了。这种神奇的魔术般的凿刻过程，让林风眠感到欣喜和有趣，这些简单的石刻，成了他图画意识的最早启蒙。

祖父是个勤勤恳恳的老实人，让他长大了老老实实做石匠，还让他尽量少穿鞋子。祖父说："脚下磨出功夫，将来什么路都可以走。"所以祖父是很少穿鞋子

林风眠作品《农妇》

的。这位老人，每日辛劳，在林风眠没有母亲之后，给了他最多的温情与疼爱。

他老年时这样回忆祖父：

"现在的我，已经活到我祖父当年的岁数了。我不敢说，我能像祖父一样勤劳俭朴，可是我的这双手和手中的一支笔，恰也像祖父的手和他手中的凿子一样，成天是闲不住的。不过祖父是在沉重的、粗硬的石头上消磨了一生，而我却是在轻薄的、光滑的画纸上消磨了一生。除了作画，日常生活上的一些事务，我也都会做，也都乐意做。这些习惯的养成，我不能不感谢祖父对我的训诫。"

第四节

父亲启蒙

　　祖父家里穷,娶不起健康的姑娘,所以林风眠的奶奶是个哑巴。这方面有一点遗传,导致他父亲说话也不利索,这算不小的生理缺陷了。第一个妻子出了那样的事,再娶的妻子,就不能期待更多。

　　但是一个家里不能没有女主人操劳,他父亲很快又结婚了,娶了继母。继母表面上对他并没有多不好,但是这世上,再也不会有一个人能像妈妈一样细心呵护和照顾他了。那些细小的,如颗粒般的隔阂,始终盘桓在他的成长中。父亲再婚后,林风眠把全部的注意力都放在了学业上,那是他的逃避方式。

　　没有妈妈的照料与关怀,他的心灵与身体双双产生了缺失。他默默成长,也默默忧伤,身材矮小瘦弱,气质忧郁,一生都是如此。

他不爱言语,也不像别的男孩那样淘气,他总爱发呆,他爱看祖父刻石头,也爱看着天空发呆,也会自己拿树枝在地上画来画去。

父亲看在眼里,很是心疼,知道他心里的苦,却无法为他排解,见他喜欢画,就找来《芥子园画谱》指导儿子临摹描画。此举像一束阳光,一下子将林风眠心里的阴霾吹散了。与年龄不相符的成熟与忧郁,激发了林风眠的天赋,他爱上了画画,每日里辛苦临摹,很快就画得像模像样了。

日子像流水一样,四季轮回,日月交替,祖父依然埋头刻石头,父亲依然进山找石头,变了的是林风眠,他将许多心思,都用了在画画上。

此时的中国,教育事业已经发生了天翻地覆的变化。

1904年,日本与俄罗斯为了争夺中国辽东半岛和朝鲜半岛的控制权,在我国东北的土地上展开了一场战争。在这场战争中。东北百姓饱受苦难,摇摇欲坠的清政府却没有作为,被迫宣布中立,饱含屈辱,为这场战争划分了交战区,蒙受了巨大损失。后来,俄罗斯失败,日本在这次战争中取得了军事优势——获得在我国东北驻军的权利。清政府从此再也无力钳制日本帝国,在屈辱中一步步走向衰亡。

国本直接影响着经济和文化,在日暮西山的封建统治下,到了三年一度的全国科举考试最后一关。

1904年7月4日,礼部会试总共选拔出了273名贡士,按照规矩,这些贡士从中左门进入保和殿,在保和殿完成点名、散卷、赞律、行礼等礼仪,再依次走上金殿,接受由皇帝亲自主考的殿试。

殿试是科考的最后一关,三年一度。科举作为唯一的上升途径,多少人的命运由此转折,贡生们都很严肃、紧张。

此时的光绪皇帝有名无实,已经是慈禧的傀儡,所以,这次殿试便由慈禧太后负责。上午十点出题,皇帝提出史论、政治、艺术等方面的考题,贡士们傍晚交卷,提出自己的见解和建议。

贡生们依次答题完毕。

据说,太后拿起第一份卷子的时候,见行文酣畅,文如流水,十分优秀,正要点个状元,却见此贡生名字为朱汝珍。由珍字联想到桀骜的珍妃,那个她最讨厌的儿媳妇,便厌恶地将卷子放在了后面。第二份考卷便先看一眼名字:刘春霖。这个名字好,甘霖普降,大清之喜啊!于是,因为名字之幸,刘春霖被慈禧太后点为头名状元。

这次科考,是中国封建史上的最后一次科考,而刘春霖,便成了中国最后一名状元。

1911年,辛亥革命的爆发,给了清政府最后也是最痛的一击,清廷宣布废除科举。

至此,成于隋朝,历经千年的人才选拔制度——科举,销声匿迹。

正像考试题目,学堂之设,其旨有三,所以陶铸国民,造就人才,振兴实业。

此时,国内已经有了第一所综合大学,即京师大学堂。1912年,改名为北京大学,成为高等学府。1911年,清政府用美国退还的一部分庚子赔款办了一所留美预备学校,叫作清华学堂,因学校建在清华园内,清华学堂第二年更名为清华学校。

这时全国各地的学堂如同雨后春笋般涌现,私塾渐渐退出历史舞台。

时代的车轮滚滚向前,变化的是制度;不变的,是文化经济之脉。废除科举之后,中华人民共和国成立之前的这几十年在历史的长河中只短短一瞬,生活环境和学习环境虽然并不稳定,却第一次吹进了来自世界的自由之风,学术环境自由又舒展,因此产生了一代大师。这些大师,遍布各个领域,各领风骚,奠定了新中国的文化底蕴。

1912年,中华民国政府在南京成立,孙中山就任临时大总统。教育部长蔡元培发表了《对于新教育之意见》,第一次提出他的教育理念:体育、智育、德育之外，要注重美育与世界观的教育。新的教育理念很快传遍了大江南北，梅州的学校也积极响应蔡元培的理念，废除了读经增加了美育。

从这里开始，蔡元培对林风眠的一生起了决定性的作用。

林风眠赶上了这个好时候，他在小学就接触到了美术，等到15岁上了梅州中学，他已经画得非常好了。这时，他遇到了一生中至关重要的老师梁伯聪。

林风眠此时的画作已经非常厉害了，不但具有艺术潜质，还对图像有着超强的敏感性，能做到过目不忘。林风眠成了梁伯聪老师最得意最喜爱的学生，他曾给林风眠的作业打过120分，超过满分20分。

有人问起来，梁伯聪老师说："如果你们能画得跟我一样好，我就给你们打一百分。他画得比我还要好，是不是应该打120分呢？"

梁伯聪老师精心培养林风眠，只要有时间，就会耐心辅导他。他在梁老师身边进步飞快，这样的鼓励与肯定，也让他对未来充满了信心。

中学得遇良师，是林风眠成为大师的第一步，是幸运，也是他资质超常的有力佐证。

当机缘与慧质相遇，便产生了神奇效果。

第三章

法国留学

FAGUO LIUXUE

择一事，爱一生。离开了家乡的林风眠，开始了真正的、全身心学习绘画的过程。他就是为"画画而生"。当精神与行为完美统一，就会以无比和谐的姿态，焕发出耀眼的光芒。

第一节

初到法国

1919年，林风眠20岁，中学毕业。他面临选择，是留在家乡重拾家族手艺做一名石匠，还是留在镇上做一名画匠，或者是一名教员？每一个好像都符合祖父给他的安稳人生设定，却都不是他想要的。

他实在不想留在家乡，就这样碌碌一辈子，便跟着同窗好友林文铮，也就是后来蔡元培先生的女婿，来到了上海。上海是当时最繁华最开放的大城市，林风眠没有别的想法，此时的他，只想好好读书，继续学业，在上海寻到一个好学校。他没想到，一个更大的，更具诱惑的机会在等着他。

当时，林文铮已经申请了去法国留学，便游说他一起去。林风眠短暂犹豫后便也去提交了申请。

其时，八国联军的侵略遭到义和团的激烈反抗，李鸿章被迫与各国签订了《辛丑条约》，同意向各国赔偿白银四亿五千万两，分39年付清。这便是历史上著名的"庚子赔款"。

1908年，美国国会通过法案，授权罗斯福总统退还中国庚子赔款中超出美方实际损失部分，并用这笔钱帮助中国办学，包括资助中国学生赴美留学，创办了清华学堂，并每年派遣一百名学生去美国留学。

林风眠（左）与林文铮、吴大羽

为了学有所成，对学生的考核也是很严格的，不但要求出去的学生通晓国文、英文，还必须身体强健，性情纯正，相貌周正，身家清白。考试内容有物理、化学、博物、代数、几何、三角、外国历史和外国地理等，一共分三批考核出国。这三批对中国来说意义非凡的留学生，就包括后来的国学大师胡适、清华校长梅贻琦等。

庚子留学之后，中国人便开始了真正的觉醒，目光开始放眼世界。

林风眠没有胡适那么幸运，他没有赶上这一批公费留学。他中学毕业后出国，已经是十年之后，这批留学生大多数已学有所成。国内涌起了留学热，大批有志向有理想有条件的年轻人，都渴望出去学习，走出家门，走出国门，得到更多的机会与见识，学一点真本事回来。

胡适、梅贻琦等有幸得到了国家资助，属于公费留学，专注学习，完全没有生活压力。林风眠也很幸运，他遇到了一个热情又纯粹的时代。此时，国内渐渐涌现留学的热潮，但不是人人都有公费出国的机会。一些没有资本没有出路的

1920年，枫丹白露中学法文补习班合影（第二排左三为林风眠）

学生，开创出了一条新的出行之路，那就是勤工俭学。后来蔡元培从北大辞职到德国去，也是奉行的勤工俭学之路，在艰苦的日子里，如饥似渴地学习。

林风眠跟着林文铮申请了去法国留学，未来如此丰富多彩。世界，敞开了大门。林风眠的命运发生了巨大的转折，他再也不用回到那个闭塞的小地方去谋生路。

他留法是勤工俭学，需要自己赚生活费，学业生活双重压力。

林风眠先在枫丹白露补习法文，希望更快地融入法国的生活中，从而更好地开始学习之路。在马赛，林风眠一边学习，一边做油漆杂工维持生活和学习。他从小就不是养尊处优的孩子，跟着祖父上山采石头，雕刻石头。但在遥远的法国做油漆工，负责刷广告牌，还是比想象中的辛苦些。

刷油漆稍微不留意就会影响整体效果，而且油漆味道刺鼻，沾染到皮肤上会过敏，既辛苦又费力。但油漆工也有一个好处——油漆就像西方绘画的颜料，可以让他在广告牌上随意挥洒。

将繁重的工作当作艺术创作，这样就有趣多了。何况这样一份艺术创作，还可以拿到报酬,尽管报酬是微薄的。

他们这次留法有多艰苦呢?当时的报道称他们是"探险远征队"。

与庚子赔偿留学的那一批学生不同,他们到国外,一切都是未知的,都需要自己解决,这也锻炼了林风眠的生存能力。在最年轻的时候吃了苦,体会了生活的不易,更坚定了他要学业有成的信心。

幸好,枫丹白露是个滋养艺术家的地方。枫丹白露始建于12世纪,是法国历代君王的城堡和宫殿。文艺复兴,便是1528年由此被引入法国。枫丹白露的建筑群充满了神秘感,它的周围拥有一万七千公顷的森林。大面积的森林,净化了空气,提升了环境优雅程度,无数的橡树、柏树、白桦、山毛榉等树木,就像无数的卫士,保护着这人间盛境。森林曾经是皇家用来打猎的,所以遍布四通八达的林间小路。如今,这些小路都成了游人信步而行的通道,幽静安宁,绿意森森。

卢梭有一幅画《枫丹白露林间小路》。黄昏,一株又一株的树,叶子间有昏黄又明亮的光线打下来,有一抹蓝天也在树影间映出来,整个画面安宁、静谧、悠闲。

风景之外,枫丹白露最著名的便是浓浓的艺术气息了,这里拥有最美的佛朗索瓦一世画廊。画廊内收藏有很多石膏像、雕塑以及画作等,意大利的风格与法国文艺奇妙融合,形成了文艺复兴的新典范。

生活在这样的地方,林风眠在辛苦之外,更多的是发现美,被这份美感染。枫丹白露浓郁的艺术氛围,美到窒息的自然风情,深深地吸引了这个异国青年。他早期的画作飘逸清新,或许就是受到了初到法国时感受新鲜艺术与浪漫的冲击。

后来林风眠说过一句话:"艺术的第一利器,就是它的美。"

这一生,美,一直在他心间,无论处于什么样的境地,他都没有丧失感知美的能力与热情。

第二节

春之抉择

　　法国是浪漫的国度，充满了艺术气息。在这样的地方生活、工作和学习，浸染着艺术之美。林风眠是喜悦的，这份喜悦如莲花开，如春风到，让他由内而外焕发出神采。那是在家乡从来没有过的飞扬。

　　1921年春天，他进入第戎美术学院，在美术家杨西斯先生门下学习素描。

　　他到法国的目的，是学画画。林风眠从小就临摹过《芥子园画谱》，画家乡的山与水，画的是国画。这是他第一次接触到西方美术，临摹石膏像，画素描等。

　　世界又一次打开了一扇新的大门。

　　那是法国最美丽的春天。

林风眠与杨西斯教授的缘分是从一张粉彩画开始的。那时候,学习工作之余,他将所有的时间都用来画画。这张风景画落入杨西斯教授手中的时候,他立刻就喜欢上了,并且掏钱买了下来。这也是林风眠生平卖出去的第一幅西洋画,对他有着非凡的意义。

到第戎学校学习的半年,是林风眠将素描功底练到无比扎实的半年。他觉得自己像一个诗人,用线条写出了一首

林风眠青年时代

又一首的诗,那些线条饱满果断,日渐至臻。正在他兴致勃勃融入的时候,有一天,杨西斯教授将他叫了过去,十分诚恳说:"你在这里已经学不到什么了,你太有天分了,已经画得比我好。我介绍你去巴黎最高美术学府柯罗蒙老教授的画室去学习吧。"

林风眠听了这话,又惆怅又欣喜,带着复杂与憧憬的心情,他离开了第戎学院,到巴黎柯罗蒙老先生那里继续学习。

柯罗蒙是巴黎国立高等美术学院的教授,他热情接纳了林风眠。林风眠在这里,开始主攻素描和人体油画。

杨西斯先生还特意从第戎学院赶到巴黎去看望他。

这段时间是他极度艰难的一段时期。柯罗蒙是当时法国一流的大画家,能跟他学画已经是十分幸运,他是传统学院派的代表人物。但是在这里上学,一切都要重新开始。在枫丹白露,林风眠一直在做杂工,做油漆工,是有一点收入维持生活的。但在这里,这一点微薄的收入也断了,他和许多来这里勤工俭学的中国学生一起租了一间小公寓住下来。这些小公寓都是专门为学校的穷学生准备的,一小间一小间,价格便宜,生活设施齐全,有床有吃饭的地方还有葡

萄酒供应。只是，他们太穷了，再便宜的租金与吃食，对他们来说都是贵的。

后来他就开始自己做饭，自己做饭也觉得贵，干脆就吃冷的，蔬菜沾了盐巴也能吃下去。生活的苦他确实没少吃，顶尖艺术之美却也领略了不少。

有时候生活的清苦并不一定会得到同样的收获，林风眠在枫丹白露得到的巨大赏识和鼓励，那样飞扬的青春与神采，在这里却突然止步了。

跟着柯罗蒙先生，他一直在自然主义的框子里止步不前。

他始终想学一些不同的东西，但那是什么，其实他自己也不知道。他在《自述》中写道："自己是中国人，到法国后想学些中国没有的东西，所以学西洋画很用功，素描画得很细致。"他当时最喜爱细致与写实的东西，到博物馆去也最爱看写实的东西。

完全清空幼时所学，学到更多的西洋画法，是他的理想，所以他会沉浸在西方写实的自然主义中，无法自拔。

但是他的自然主义，依然延续枫丹白露时期的风格，却又毫无突破，林风眠纠缠在这个瓶颈里，又无奈，又迷茫，又焦虑。他无法清空枫丹白露时期对大自然的敏锐感知，也无法将自己从枫丹白露崇尚的自然主义中解放出来，他给自己做了一个茧，这个茧日益坚硬，让人充满绝望，他无法破茧而出。

他之前的粉彩，甚至中国传统山水，都很自然融进了枫丹白露的氛围中。那个时期，他喜欢画大自然，将四季之美展现在画布上。

很多大师都曾经崇尚过自然主义，自然代表着纯净，善念与美。

青年画家林风眠，他从出生到留学枫丹白露，所接触的都是自然之美，他习惯了这样表达，也局限于这样表达。

另一位画家吴冠中，也是林风眠后来的学生，他对枫丹白露写实主义的描述似乎更能验证林风眠处于这个环境时受到了什么样的影响：

"19世纪，法国枫丹白露森林区的巴比松小村里，来了一小群以卢梭、米勒等为主的画家安家落户。美术史上往往称他们为自然主义者，是因为他们终年

林风眠作品《向日葵》

在这丛林中描绘大树及田园野逸的自然风光。固然因为他们热爱大自然之美，同时也因野村生活简陋、清贫，穷画家们安贫乐道，选择了这个偏僻之地安身立命。"

在现实主义学院派的路上走下去，无疑会如柯罗蒙先生一样，为一生的绘画事业打下坚实的基础，但是，局限在学院派的风格中，也无疑会扼杀自己的灵气和风格。

林风眠很苦恼，能进入这么高级的艺术殿堂是多少人求之不得的，可是自己却想放弃，去寻求真正的，适合他的出路。这让很多人觉得不可思议，他自己也舍不得这个机会。

最终，他还是离开了柯罗蒙先生。说到底，在林风眠心里，画画不仅仅是用纯熟的技艺将万物描绘出来，还需要延伸、融汇出新的绘画路子，只是这个时期的他,还懵懂着,不知道自己想要走怎样的道路,但一定不是走这样规规矩矩的道路。

很多年后,他已经成为大师,说过这么一句话:"画鸟就在于画鸟像人,画花像少女。如果画鸟只像鸟,那又何必画呢?"

林风眠非常喜欢画鸟,他一生画过无数小鸟。无论是早期的油画还是后来中西相融合的国画,他笔下的那些鸟,果然是被赋予了灵秀与灵魂的,每一幅小鸟,都是他的画中精品。这些画作,树枝流畅锋利,色彩和谐统一,空间层次丰富。那些鸟儿,无不静气安宁,双眸灵动。仔细看,果然是如少女般的沉静,优雅。

经过深思的林风眠暂时没有离开柯罗蒙先生的画室,仍然留在那里学习基础的素描和造型能力,不同的是,他不会再把自己束缚在这一间画室,他开始了变通之旅,只要有时间就会溜达到其他教授的画室去学习。同时他开始大量读书,哲学历史典籍,什么书都读,这位来自中国的年轻人,将儒家的融会贯通用在了学业上。这样一来,他便摆脱了将自己完全陷入写实派桎梏的命运,他的心里吹进了各个流派之风,印象派也学一点儿,浪漫派也学一点儿,再结合自己所修的写实派,他终于打破了自己的瓶颈,可以独立创作出具有自己风格的作品。

人的一生当中,总会有一个契机,发生转折,发生不一样的事,然后灵魂沉淀,思想也会沉淀。

第三节

崭露头角

　　柯罗蒙曾经说过,有一点要好好注意,如果你要用色彩语言来进行思维的话,就得有想象力。没有想象力,你就永远别想成为一个色彩画家。带着想象去描绘大自然,这是成为一个画家所必备的条件。色彩应该被你们所思念、梦见和冥想。

　　林风眠深深记住了老师的这些话,甚至一直都在践行。他的想象中又兼具柔和,清新中又有成熟。他这个时期的画绝不只给你表面的东西,那些深层次的内容,一层层,都会展现在观赏者面前。

　　他非常喜欢《蒙娜丽莎》,经常去卢浮宫盯着这幅画看半天,一边看一边流泪。他说:"这幅画是感情与理智平衡得最好的画,别的画挂在她身边都会掉下来。"

林风眠后来也一直在感情与理智间尽力寻找着平衡,所以他的内心几乎一直都是宁静的,充满了爱与阳光的,他所画的女性面庞,大多数都是这样蕴含着母性光辉和慈爱温和,她们不会去对抗世界,也没有怨气连天,她们也是将内心与世界平衡了的。这样的绘画风格,一方面来自对于母亲的怀念,一方面也是《蒙娜丽莎》给他的滋养。

1922年秋,林风眠创作了油画《秋》,入选巴黎秋季展览会。

这幅画色调淡淡,天空青灰,天空下一片池塘清冷又安静,泊着一艘叶闲舟,整体画面传达出一种内心的安宁。天气还没有寒起来,这薄薄的清秋,是舒适的,毫无波澜的,又是美好的。

这是一个值得人振奋的开端。众所周知,巴黎是艺术圣殿,各路大师云集,作品能够入选,实在是年轻的林风眠在绘画事业上一个极为重要的飞跃。

只是哪里有十全十美的人生呢,正当他十分得意的时候,家乡传来了噩耗——他的父亲去世了。作为一个从小失去了母亲的孩子,父亲和祖父是他最重要的两位亲人了,他们是他安全感的来源,如今父亲也去了。

那种悲伤与无助,让林风眠再次痛彻心扉。这种悲伤与茫然,并不亚于儿时突然失去母亲的那种沉痛。尽管此时他已经成年,有能力消化和处理一些情绪了,但失去至亲的伤痛,他依然无法排解。路途遥远,山高水长,他明白,当初既然决然离开了故乡,今生就再也不会回头。他既要承受逃离的自由,也要承受思念的钝痛。

林风眠没有回国,只能遥祭父亲,以尽孝心。

第四章 德国之行

DEGUO ZHIXING

百年巨匠

柳暗花明又一村，所有的转折，都在山水尽头。

第一节

一战后的德国

1923年,林风眠结束了在法国的学习,与挚友林文铮等一起来到德国柏林。

此时第一次世界大战刚刚结束,《凡尔赛条约》刚刚签署。战后的德国,作为战败国,一片混乱,柏林更是充满了动荡,形形色色的煽动者们无不蠢蠢欲动,幻想在混乱中分到一杯羹,这情景类似于国内的军阀混战时期。当政治混乱而充满私心时,底层人民的生活就受到了致命的威胁,他们无法安居乐业,无法享受稳定的货价,甚至连食品供应、交通等最基本的生活问题都无人过问。

怨声载道的平民阶层开始发生暴乱。政治上的动荡与混乱,必然导致经济低迷,马克大大贬值,固定收入人群的

收入大幅度贬值,一片面包一瓶果酱动不动就要花费数百万马克。钱到底有多不值钱,当时的一则电影售票招牌就能说明一切:

"正厅前座,半磅黄油;正厅后座,两个鸡蛋。"

政治混乱,经济低迷,直接导致的后果就是道德滑坡,性行为开放。但是万物万事相生相克,福祸向来依存,没有绝对的好也没有绝对的坏。战后的柏林看起来一派混乱并不利于生活,但在文化事业上,却又焕发出了勃勃生机。一大批有才华的作家、画家、艺术家都离开了巴黎,聚集柏林。

为什么柏林会吸引全世界的艺术家、科学家和思想家集聚到此呢?也许就像是正在经历一场精神上的狂欢,在这里,一切的一切都是疯狂的。而艺术,却是狂欢后的释放与迸发,这种迸发的魅力是清空一切后重组的自由。还有一个原因就是,柏林这座有着深厚历史文化底蕴的城市,无时不在吸引着全世界的目光。

在这样的情况下,林风眠他们的日子好过多了。在马克被孩子们当作玩具玩耍的时候,每次兑换完马克,他们仿佛拥有了花不完的钱,也拥有了更多学习和创作的时间与心境。

这一年,他认识了周恩来。周恩来很敬佩林风眠的才华,动员他加入中国共产党。林风眠拒绝了,但二人却成为好朋友。也正是有这么一段渊源,后来他在监狱里九死一生的时候,周恩来一句话救了他一命。一段友情,掺杂政治又最终脱离政治,皆因此时播下的一颗互相赏识的种子。

第二节

巨幅油画与爱情

在柏林，林风眠创作了两幅巨幅油画。一幅是《柏林咖啡室》，一幅是《渔村暴风雨之后》。

《柏林咖啡室》是林风眠深入柏林生活之后的第一幅作品，而引领和吸引他走到街头去观察和享受异国生活的，是一位特别的姑娘——罗拉。

本来有些沉静的林风眠，在丧父之后就更加沉默寡言，除了学业，对什么都打不起精神来，整天闷闷的。就是在这样的时候，他认识了罗拉。罗拉是个对生活充满激情，又无比热爱艺术的姑娘，她的热情感染了林风眠。那段时间在德国，他跟罗拉在街头咖啡馆约会，没有课的时候，两人会享受一个悠闲又甜蜜的下午茶时光，也会去柏林的郊外游玩。

一个艺术家是不能离开生活本身的,关在画室里,远不如走出画室,在大自然中汲取灵感。罗拉是学化学的,却对美术情有独钟。她也曾经是第戎学院的学生,只是那个时候他们并不熟,没想到来到德国后,居然遇到旧日同学。林凤眠很快就爱上了这个热情洋溢的姑娘,他们在柏林度过了一个甜蜜又美好的春天。这个春天的柏林,处处都留下了他们浪漫相守的身影,他很快从丧父的失落与消沉中走出来,投入了新的、蓬勃的、热烈的生活。

他们非常相爱,但林凤眠不懂德语,罗拉不懂中文,二人的交流十分艰难,这样也没有让他们有过片刻动摇。据林凤眠义女回忆说,那时候义父与罗拉,基本借助字典来交流。

他画了第一幅巨幅作品《柏林咖啡室》。这幅画是一个女士的背影,向咖啡屋深处走去,喝咖啡者沉浸在对谈的世界中,画面沉稳。表现了战后人们并没有失去生活热情的高尚品质以及民众很快就从阴霾中走出来,投入新生活的现状。

林凤眠作品《暴风雨过后》

林风眠作品《痛苦》

接着,他又画了第二幅巨幅油画作品《暴风雨过后》。《暴风雨过后》是另一种写实。画面上,暴风雨过后,渔家妇女在海边等待归舟,平静的外表下,难掩内心的不安与焦虑。这幅画色调沉闷,一眼看去,便有压抑感袭来,但是仔细看,却又是沉稳的。那种压抑是被成功掩饰了的,人物各有所思,却又各自沉静,沉甸甸的生活与生存压力扑面而来,是那种不得不面对的底层生活,无论是辛苦还是危险。

后来,林风眠任校长,这幅画在杭州艺专的校长室挂了很长时间,成为学生们学习的范本。

柏林这段时间,是林风眠灵感充沛的一段时间,这两幅巨幅油画之后,他又画了《平静》《白头巾》等写实主义油画作品。

其中《平静》也是延续《暴风雨过后》的题材与风格，画面中一群村姑徘徊在浩瀚的大海边，望着有些阴沉的海，表面的平静掩饰着内心的不安与期待。这种内心里惊涛骇浪，脸上却永远波澜不惊的克制与淡然，几乎贯穿了他画中的所有人物。这份宁静的端庄，这份坚毅又自然的掩饰，是他对母亲深深的、潜意识里的渴望与记忆。那份女性的静美和隐忍，在苦难上开出花来一样的生存状态，就像刻进了他的身体里，这是他对女性世界的理解。

这个时期的林风眠，虽然画了大量的油画，却似乎也失去了自己的风格与思考，此时的他太旁学杂收，每一个流派的特色他都想吸纳，所有的技巧他都想掌握，他够刻苦，也有天赋，却一点点将自己淹没在大量的流派漩涡中，试图兼学所有。

自然是不可能的。

此时的林风眠，拥有完完全全的中国画技法的功底，却用纯西方的表现手法来表现。他没有意识到，这样画画的局限在哪里，突破又在哪里；他也没有想到会有那么一天，当他将两者结合，竟成为古今中外第一人！

时光有时候是坏东西，它带走了生命和记忆；时光有时候也是福祉，它奉送了沉淀与成熟。初到柏林的林风眠，有着静待时光的远大未来，只是这未来他自己还未曾预知。

第三节

浪漫催生的灵感

1923年冬天,林风眠与罗拉在柏林结婚,恋爱未满一年,过程足够甜美。情有所归,心有所属,身体和灵魂都有了安放之处。一段婚姻,一个家的意义有时候大到不可思议,这大概也是婚姻制度形成的原因之一。林风眠是个从小就缺失女性呵护,缺乏家庭温暖的人,祖父给的疼爱,终究是与父母亲不同。他很享受这样一段感情,享受一个女人带给她的,全心全意的爱与注目。这段时间,他是神采飞扬的年轻画家,他是充满热情的生活宠儿,他们奔跑在柏林郊外的渔村里、小径上,他们在柏林采风,其实也是约会,他们感叹着这世间竟有如此一生一世一双人的美好。

人生中的许多个看似平常又自然的阶段,以后回过头

Lin Fengmian

林风眠作品《郊外》

之后才能突然发现，其实那些自然而然的选择，都会成为人生最重要的转折点。比如打算去哪里上学，选择了怎样的恋爱对象，跟谁结婚，这一切的一切，在当时都不会觉得有什么特别的地方。但这所有的事，都是人生的岔路口，你选择了哪一条，都不会有回头路；每一条路，也绝不会有重复的风景。选择，走下去，人生的单行线就隐藏在这些选择中。

对于林风眠来说，中学毕业后，他选择了留学，遇到了不同的命运。遇到罗拉并且恋爱结婚，驱散了内心的阴霾，愉悦稳定的生活，又开启了灵感之门，喷薄而出的热情，都悉数落在了画布上。

在这段时间，林风眠画了很多油画，大多都是取材于神话传说。如《古舞》，描述的是传说中古希腊少女的晨舞。画面上，古希腊少女风情无限，畅快淋漓。《克里阿巴之春思》来自传说，埃及女王喜欢上罗马年轻帅气的大将，抚琴悲吟思念。大海沉郁，女人抚琴于海边，相思倒比涌起的海浪还多。《金字塔》描绘的是黄昏中，白翼天女携琴而立，纯洁淡然，不染尘埃。《唐又汉之决斗》，取材于拜伦的叙事诗……

鲜明的主题，强烈的笔触，年轻的热情与诗情都展现在画作上，林风眠犹如拉开了绘画创作人生中的大幕，这个强势的开端，震惊了艺术界。

从春到冬，失去亲人又得到爱人，从春到冬，柏林的觉醒与呐喊，灵感的沉寂与喷薄，是林风眠青春岁月中最重要的一笔。

在柏林画的很多画，后来他都带回了法国参加展览，这次展览使他锋芒毕露，也成了他命运的转折点。

第五章

回到法国

HUIDAO FAGUO

我相信：凡是诚心学艺术的人，都是人间最深情、最易感、最有清晰头脑的人……艺术家没有利己的私见，只有利他的同情心……艺术家无所谓利禄心，只有为人类求和平的责任。

第一节

莱茵宫大展

　　林风眠只在柏林待了一年时间就又回到了法国。依然是春天,他携着新婚妻子双双归来,准备莱茵宫画展,居住在巴黎玫瑰街6号。一个人去德国,两个人回来,这感觉是愉悦的。他们将在柏林画的画全部带了回来,这其中的一部分,要用来参展。

　　展览时间是五月,展出地点是斯特拉斯堡莱茵宫,这是中国政府在此举办的展览会,策划人之一便是蔡元培。这次展览旨在发现和挖掘一批年轻的,艺术修为良好的年轻画家回国教学,以给中国的美学教育注入新鲜血液。蔡元培一生致力于教育,此举也是他众多教育成果中的一件。

　　果然,在这次展览中,蔡元培发现了林风眠这颗冉冉升

林风眠作品《裸女》

起的新星。

　　柏林一年,到回到法国的初期,是林风眠最幸福且出作品最多的一年。这次展览中,仅他的作品就有几十幅。这是一次盛况,也是一次震撼,新一代年轻画家的崛起,预示着中国美育事业迎来了新的高峰。

　　这次展览,每一位画家都独立印有一本小画册,林文铮特意为林风眠的小册子写了前言。我们通过前言,还能窥到这些展出作品的神韵:

　　《忧郁的沉迷》表现了一只老猴坐在枯藤上望井沉思的情景。气氛宁静而忧郁,让人思及远祖们平和自然的生活和往昔的无限。

　　《波罗米尼的黄昏》画了两位诗人在水边散步,秋风萧瑟,吹起他们的衣衫。作者构思之巧妙在于,他并未直接描绘那位缪斯,却通过隐喻手法暗示出主题——怀着哀愁的诗人的流放与缪斯的沉寂。

《不可挽回的伊甸园》完全是一件梦幻的作品,它同时赋予了真实与神秘两种内涵,是中国艺术家反复吟咏过、梦想过的。在孤寂的协奏曲或神圣的交响曲中,亚当和夏娃失却的乐园朦胧地显现于桃花和雾气之后,无法企及又不可抗拒。

《令人赞赏的春天失去了她的香味》取自波德莱尔的一首诗,此画象征着短暂的欢乐。花开满枝的梨树为薄雾所笼罩,一群燕子忧郁地飞过,一切仿佛都沉浸在梦中。在描绘春天的美景时,艺术家让我们感受到梨花终会凋零,燕子终会离去,欢乐和悲哀混在一起的意象。作品编织着深深的柔情和惆怅。

林文铮是林风眠的挚友,他说:"林风眠是中国最有前途的天才艺术家,他自由地游弋于东西两种传统艺术之间。他有着敏感和不安的心灵,东方的宁静不再能满足他,西方的枯燥和焦虑侵蚀着他,他无名的不安和生之欲望使之远离了中国古人。"

林文铮对林风眠的评价并不仅仅凭画,对于林风眠,没有人比他更了解——他们一起上中学,一起从上海到法国,一起去德国,又一起回到法国,他们的前半段人生,是无法分开的。他们的友情,也是超越了普通友情的。

这一生,他们都是好朋友。后来林风眠与蔡元培共事,林文铮娶了蔡元培的女儿蔡威廉。二人不但在生活中,在工作中也息息相关了。林文铮十分认真地给林风眠写前言,写画评,字里行间都能感受到他对挚友的理解与欣赏。

第二节
伤心欲绝妻子去世

一个人最好的青春,遇到了世间最美好的春天。

四月的巴黎正是春光无限的季节,走在暖风熏欲醉的街头,猛一回头,就会见到一树树开得灿烂的樱花,就像突然冒出来的一样,如云如霞,花朵招摇,枝头缠绕着春色。此时罗拉已经怀孕快七个月,肚子已经很大了,林风眠画累了的时候,就会陪着妻子在街头散散步。咖啡馆内坐满了休闲的人,咖啡清苦的香气混合着花香。他搀扶着妻子走在街头,两边的街道上,开满了樱花,粉红色的花瓣带着春天的气息,不时会落在他们肩头。聊聊画,聊聊肚子里的孩子,聊聊这次展览对自己的意义,日子悠悠然过着,一切都充满了希望。他的人生似乎在这一年开了挂,不但顺风顺水,还能

林风眠作品《独步人》

如此幸福。

　　林风眠与罗拉,从来没有怀疑过那个相遇的春天有多美好,那天他们在银行门口相识,还像是昨天。

　　谁能意识到,这美好的春天会如此短暂呢?

　　莱茵宫的展出刚刚过去两个月,正是林风眠收获最多赞美,事业上升最快的一段时间,他们的儿子出生了,这真是喜上加喜的事情。

　　时间是七月,罗拉生下了他们的儿子,林风眠欣喜不已,简直做梦都要笑醒,感谢这完美的人生。

就当林风眠还沉浸在初为人父的喜悦中时，妻子不幸患上了产褥热。巨大的喜悦随即变成了巨大的悲痛，那时候产褥热就是绝症，罗拉去世了，没多久儿子也夭折了，妻儿永诀。

还没从婚姻的安稳与幸福中回过神儿来的林风眠面对如此巨变，一下子惊呆了。这份哀痛，像一柄利剑，击穿了他全部的幸福和憧憬。

罗拉父母早逝，本就是个孤儿，父母只留给她一架钢琴和一套《世界美术全集》。曾经，林风眠画画时，罗拉就在旁边弹琴陪伴。如今，人去了，琴还在，徒增悲凉。两个孤独的人，到底也没给对方一世温存与陪伴。

回到法国的这个春天，也注定成了林风眠的叹息，一抹悠长的叹息。命运从不会去眷顾谁，它只会挥着它的大棒，将幸福一棒打散，任凭那些碎片飞扬。

罗拉的葬礼之后，林风眠沉浸在巨大的悲痛中，这一次妻儿的诀别，甚至于比失去母亲，失去父亲，还撕心裂肺。这一次，他觉得自己好像陷入了永恒的孤独之中。根据他的义女回忆，他经常会回忆起这段婚姻，回忆罗拉和孩子，那是他心里一生都挚爱的人，一边说，一边叹息。命运总是这么无情，在一个天才身上给予了太多离别与伤痛。母亲的，妻子的，他永远都没办法释怀，所以，他一生再也没有回过故乡。而对于第一位妻子呢，他的怀念就更深刻，妻子的照片他反复看，每一次看完都热泪盈眶，他将妻子和孩子葬在了巴黎郊外，亲手给他们刻了石碑。

直到几十年后，林风眠重返巴黎，还在到处寻找罗拉的墓，他一直也没忘了她。

第三节
《摸索》与蔡元培

　　莱茵宫的展览是蔡元培和驻法公使操持发起的。

　　林风眠能有机会在学校里学习美术,有出国的想法,其实有很大一部分是来自这位遥远却又熟悉的蔡元培先生。蔡元培最初的教育理念也如一阵春风,吹遍了中国大地,大部分地区都响应他的理念,放弃了八股教学,将德育美育引入课堂,林风眠正受益于此,才有了后来留学热潮中的出国深造。他与蔡元培先生冥冥之中注定的缘分,因为一幅画的牵引,终于浮到了表面。

　　这次展览,让蔡元培十分欣赏这位名叫林风眠的年轻画家,在观赏了林风眠的一幅巨幅画作之后,蔡元培更是十分吃惊,他完全被画作中传达出来的超前、杂糅的,充满思

Lin Fengmian

蔡元培 蔡元培写给林风眠的信

索与探寻的艺术气息所吸引。

　　这幅画,就是著名的《摸索》。是林风眠用飞一样的笔触画出来的,这样一幅巨制,他只用了一天时间完成,也完成了他人生中的又一次转折。

　　画布就是他宣泄情绪的出口。他那些悲伤、忧郁的,又充满了激情的,无法排解的心绪与孤独,都需要宣泄,都需要一个载体来呈现。他几乎是带着愤怒来画这幅画的。这幅画在题材上是一次大胆的尝试,他罗列了很多伟大的人物,古今中外,他们形态各异,周围都是黑洞,他们预示着人类失去了前行的能力,所有人都以盲人的姿态出现,在摸索着向前走——道德与法制、艺术与人文、历史与未来,都在这样的摸索中,融合、撕裂、又兼并。在这样的情境下,林风眠将所有的对生命的思索,对人生的思索,对世界的思索,都融入了这幅巨幅油画。

　　《摸索》可以算是非常巨幅的一幅油画了,高两米,长四米半。整个画面黑白色调,阴郁扑面,却又酣畅淋漓。他的诗人情怀,他的无法排解的孤独人生,他内心深处的热情与表面淡然的冷静,他对未来的思索,对过去的解读——许许多多的林风眠杂糅在一起,完完全全都凝聚在这幅画上。

　　画面传递出的思想性、艺术性、技法,都是一流的水准。

这幅画也是一次里程碑般的转折,之后的林风眠,和之前的林风眠完全不同。这幅画,也给他带来了巨大的机遇!

蔡元培大喜过望,觉得自己艺术救国的愿望有望实现,便立即决定邀请这个年轻的画家回国任教。

展览之后的酒会上,蔡元培发表了感想:学术上调和与民族调和。

感想的主题,契合的就是林风眠的绘画主张,两个人的理念一致,惺惺相惜。

等见了林风眠本人之后,蔡元培就更加惊叹了,他完全没有想到,如此沉厚、充满艺术的突破与想象力的作品,竟来自一位才二十岁出头的年轻小伙子。蔡元培十分欣赏这位年轻画家,认为林风眠是一位前途无量的艺术家,于是热情邀请他回国,推荐他仟北平艺专的校长。这次相遇,林风眠的人生与命运,因蔡元培又一次发生了重要的转折。

第四节

又结姻缘

展览取得了成功,艺术上日渐羽翼丰满的林风眠,其实并不快乐,他追求的东西似乎一点点都在向他靠近,可是他失去了心爱的妻子和刚出世的孩子,还有稳定安心的家庭生活。

每日,在展览上、在聚会上、雅集上,与那么多艺术家侃侃而谈,得到赞美和赏识,也探讨美术,说说时局,尽显飞扬华彩人生的一面。可是一旦人群散尽,回到玫瑰街的家中,再也没有欢声笑语,再也没有优雅的钢琴曲伴他画画,没有了女主人的家,处处都是冷清。这份冷,就算在炎炎的酷暑中,也让他觉的刺骨。展览持续到十月就结束了,在五月到十月这段特殊的日子里,林风眠就这样每天体味着冰火两

林风眠作品《菖兰》

重天的日子。

一边融入火热激情的绘画中,一边又蓦地跌回现实的冰窟里,他不得不面对失去妻子的痛楚,无法真正快乐,又无法淋漓尽致地宣泄悲伤。在这样两种情绪的夹击下,林风眠的性格更孤僻了,他少言少语,飞快消瘦。

林文铮等朋友见他这个样子,十分担心,他们商量了一下,一致觉得应该让林风眠组建一个新的家庭,让家庭的温暖化解他内心的伤痛,用女性的温柔去填补他内心的空缺。

所以,不久之后,他们就给林风眠介绍了一位高大的法国姑娘,爱丽丝·华丹。爱丽丝也是林风眠第戎学院时的同学,他们有过短暂的会面,只是他已经完全忘记了。爱丽丝是学雕塑的,对这个瘦瘦的中国才子十分中意,林风眠了解朋友们的好意,对爱丽丝也并无不喜,便答应了。时光那么慢,又那么快,失去罗拉几个月之后，林风眠便匆匆和爱丽丝结婚了，但是他依然无法面对罗拉在玫瑰街小屋生活的痕迹。尽管生活上得到了照顾，有了新的伴侣，但他总是看着罗拉的照片陷入沉思中，无法开始全新的生活。

林风眠全家合影

结婚没几天，林风眠便带着爱丽丝从玫瑰街搬走了，一则他无法面对在此死去的罗拉，也就无法面对自己；二则，他不想给无辜的爱丽丝带来不适，既然结婚了，还是应该给现任妻子以足够的尊重和情感。

两个人从巴黎搬到了乡下，过着平淡的生活。和罗拉在一起时的激情与浪漫，如诗如画，如今再也没有了。他不知道对第二位妻子有多少感情，但爱情一直迟迟没有到来。后来的日子，他们聚少离多，最后一别就是22年。这二十多年，林风眠对爱丽丝的思念也并没有像对罗拉那样强烈过。

第五节

来自蔡元培的邀请

蔡元培欣赏有才华的年轻人，更喜欢品性纯良的艺术家。他曾经赞叹林风眠的画："得乎技，近乎道也。"

这是一个前辈对后辈非常高的评价。

蔡元培此次来法国，是在国内经过了一番震动之后才出行的。

1923年，蔡元培辞去了北大校长之职，原因是不想跟腐败的北洋政府同流合污。他认为大学乃学术之地，不能将大学交给政客，但是他一人无法撼动时局，便只能一走了之。蔡元培具先生风骨，自然对政客唯利是图的嘴脸不屑一顾。出走北大之后，他便到处发表演讲，希望能唤醒更多的学生。于是他远赴欧洲来到法国，依然怀着一腔热忱，继续他的教育事业，通过此次展览，发现了林风眠，便是其中的一个序曲。

离开北大来到欧洲之后，艺术救国这样的想法，便盘桓在他的脑海里。

只要有那么一条路，就算长满荆棘，也在所不惜！这就是蔡元培，也是后来的"林风眠们"，那么多风骨诗情长存的民国艺术大师。

那次展览之后，蔡元培便带着夫人到巴黎郊外林风眠的新家去看望他。那时候林风眠才新婚不久，虽然声名鹊起，却还没有卖出画去。本质上来说，他还是那个穷学生，如今还需要养一个家，经济拮据，日子很不好过。

这次来访，蔡元培夫妇逗留了三天，其间还有林文铮相陪。三天时间，两个忘年之交，或酒酣言畅，或清茶明心，几乎是越谈越有共鸣，相见恨晚。临走的时候，蔡元培给林风眠夫妻留下了三千法郎，接济他们的生活。

蔡元培爱护后辈，喜欢有才华的年轻人，对林风眠好，对林文铮也好，后来竟将女儿蔡威廉许给了林文铮，关系便更近了一步。只是，留在法国的年轻画家们，一直处于拮据中，从来没有富有过。后来蔡威廉嫁给林文铮后，也是因为没有到医院生产，而死于生产。这是后话。说来悲哀，内心锦绣，终无法对抗现实的残酷，艺术与生存的矛盾，从古到今，从来也没有调和平衡的可能。

不久之后，离开法国的蔡元培就正式向林风眠发出了邀请，请他回国担任北京国立艺专校长一职。

林风眠马上就答应了，这次邀请，源于赏识与知遇。然而他们谁也没有想到，这次的回国工作，会给中国近代美术教育史带来天翻地覆的变化。林风眠的教育理念，影响和改变了无数人，他带出的一大批声名卓著的弟子，足以影响中国美术史。他的成就和价值，将永久载入史册。

许多事就是这样，因一个小小的契机而发生了转折，谁也不知道未来等着自己的会是什么。那么，选择自己认为对的路，一直向前走。

1925年冬，巴黎的天空还是黑蒙蒙的。林风眠收拾好行囊，扶栏感叹，短暂却又漫长的欧洲求学之旅自此开始，又由此结束。他曾经在这里贪婪地学习一

林风眠作品《芦苇孤鹜》

切,力求把看到的都临摹下来,把听到的都融进心里,后来又一次次和自己妥协,改变,终于融汇平衡。达到至境,他便该离开了,带着对欧洲最灿烂的宝贵的经典记忆,回到祖国,准备做一番事业。

而此时的林风眠,才二十多岁。老天是眷顾这个天才少年的,别人要到中年之后才有的艺术思想与成就,他在二十几岁就具备了,真正是意气风发,神采飞扬。

轮船鸣着汽笛进入上海码头,林风眠带着妻子爱丽丝走下来,一眼就看见了人群中那条鲜艳的红色条幅:欢迎林风眠校长回国。

他并不知道蔡元培如此器重自己,竟然让他出任校长。这份信任与托付,这份知遇如恩,让年轻的,刚回到祖国的林风眠热泪盈眶,百感交集。

第六章

短暂的艺专校长

DUANZAN DE YIZHUAN XIAOZHANG

人类的生活能力高于一切生物，所以人类不仅能欣赏美，且能创造美。

第一节
北平艺专

北平艺专成立于1918年,当时叫北京美术学校。民国七年,那是纪元伊始,处于新旧交替时期,清王朝阴影完全散去,新政府对未来充满希望。所有人都渴望新的纪元代替旧时代,迎来一个崭新的、生机勃勃的时代,所有人都怀着美好的梦想,但是只有蔡元培才是真正的实施者。当时,他是北大校长,有自己的教育理念与思想,对未来中国的教育事业鞠躬尽瘁。他一生倡导全民美育,后来又延伸到艺术救国,这是一颗几无私欲,并且思想超前的赤子之心。

对美的感知是一个民族的灵魂,这些看似完全没有用的东西,无声无息,影响着一代又一代人对生命的认知,对幸福的理解。无论是怎样的时代,只要人们能认识美,懂得

林风眠作品《琴声》

美,一切就还有希望。

　　他认为美育可以替代宗教,呼吁大家:"文化运动不要忘了美育",并且他还制作了一系列详细的"美育实施方法。"

　　一直到如今,蔡元培倡导的全民美育也没有实现,没有人意识到美育是怎样渗入到道德与社会氛围中的。

　　蔡元培创立艺专初衷,包括"社会美育"和"专门美育"。衍生的还有建设美术馆、建筑规划、歌剧院等设想。

　　蔡元培的理念到今天也没有实现,人们依然走在美盲丛中,无暇审视灵魂深处的自己。但他此举成就了一个时代的多位美术大师,譬如林风眠,林风眠执意招来的齐白石,还有无数成就斐然的学生。

　　人类怎样优质生存,是美育的最基本蓝图。

1918年，在北京西城区的一座四合院内，中国历史上第一个美术学校成立了！

创办北京美术学校，是蔡元培的百年功绩之一。美术学校的第一任校长是郑锦。郑锦在美术学校做了六年校长，深得学生爱戴。这是中国历史上第一个美术专科学校，郑锦借鉴了日本学校的规章制度和课程设置。最开始，只设置了两个科目：绘画科和图案科。一个偏向艺术创作，一个偏向设计，是实用类的。

后来郑锦校长将中等规格的学校升级为高等，重新分了三个系，分别是中国画系、西洋画系、图案系。

中国画系有画坛大师陈师曾、王梦白等任教，教授传统中国画。

1922年之后，北京美术学校更名为国立艺术专门学校，增加了戏剧和音乐等科系，逐渐完善。郑锦之后，几位校长短暂代理，都没有长久任职，然后到了1926年冬，圣诞节过后，国立艺专迎来了一位年轻的校长——林风眠。

当时，请年轻的林风眠做艺专的校长，除了蔡元培推荐之外，还举行了一次学生公开投票，结果在国内并没有什么名气的林风眠居然高票当选，这与学生渴望创新，渴望吸取西洋的新鲜理念也有关系。

曾在艺专兼课的郁达夫说："这学校仿佛是刚在换校长闹风潮大难之余，所以上课的时候，学生并不多，而教室里穷得连炉子都生不起。"条件艰苦，经费十分紧张。

第二节

拥有超前教育理念的校长

　　林风眠并不是过不了苦日子的人,学校环境的差,生活质量上的差,完全没有影响到他的一腔热忱。他如蔡元培一样,自从决定回到祖国任教,就已经在心里做好了一切准备——一切为了教育,一切为了美育。

　　林风眠果然将崭新的校风带进了艺专。他年轻,幼年习中国画,出国修西洋画,拥有扎实的绘画基础;他思维方式灵活,同时掌握中、西绘画技法;他还拥有无比的热情。这样的校长,这样的老师,无疑是学生们的福气。

　　那时候的艺专,还处于很保守的阶段,中国画主要修习四王,授课也都是以古典传统为主,西洋画略微开放,也是更偏向自然主义。

林风眠作品《裸女》

　　林风眠着重抓素描等基本功,第一次在学校里使用了裸体模特。

　　中国美术学校第一次使用裸体模特,并不是林风眠,而是上海美术专门学校校长刘海粟。当时曾引起轩然大波,各界谩骂不止,还有人说他伤风败俗。刘海粟校长受到了两位官员的指控,而他在庭上的发言被法院认定涉嫌侮辱官员名誉,因此被处以罚款五十大洋。

　　刘海粟第一次用人体模特到官司结束,是在1925年。刘海粟这次引起轩然大波的美术课,是因为第一次用了少女裸体模特。再向前追溯,第一次在课堂上用裸体模特的人是李叔同。因为是男模,李叔同虽然也曾经引起一场关于伤风败俗的大讨论,终究没有像刘海粟这样惨,不但吃了官司,还曾经被人打,最后还被罚了钱。刘海粟裸体模特官司持续了十年才结束,也就是林风眠上任的前几个月。也许是有了先例,这次的裸模进入画室,并没有引起太大的社会震动。虽然那个时候,骂林风眠的也不少,但反应确实没有刘海粟时期那样激烈。他在学校用裸体模特上课,在一片骂声中也还能持续下去,这也说明随着文明的进程,人的思想也都在进步。

早在这场裸体模特风波之时,林风眠就发表过自己的看法:"为什么为学西画者所绝不可缺的人体模特儿的临写,会被指为有伤风化呢?"

人体之美,人体之无邪,又何罪之有?在保守愚昧的文化中,才会被认为是有伤风化吧!

用点、线、面等绘画手法表现人体之美,是第一步,也是最自然的一步。

林风眠本身也很喜欢画裸女,他笔下的裸女纯净,偶有轻佻,但是绝不会让人联想到情色。画家有一颗纯粹的心,便都展现在画面上。

林风眠上任之后,很快就鼓励组织同学们成立了各种绘画团体。在他的带动下,频繁更换校长而人心涣散犹如病恹之人的艺专,马上就焕发出了新的生机。他将北平的美术教育事业,带上了一个新的台阶。

林风眠深知,调动学生的兴趣与热情,才是重中之重,除组合各种小团体之外,他还频繁举办各种展览。在形式不一的展览中,学习、感受不同的作品带来的冲击与感悟。学生们的热情被调动起来了,学习热情高涨,在这样实践与思想结合的教学方式中,林风眠渐渐成为学生们最喜欢的校长。

他推崇的理念是艺术大众化,与蔡元培的全民美育不谋而合,所以这两个拥有超前教育理念的人,很快成为至交,持续日久。

当时的中国,还没有完全结束动荡,生活水准也并不高,刚废除的科举制度因持续千年早已根深蒂固,才抬起头来的人们对艺术完全没有认知。很多人以为音乐、美术、设计这些东西,都是没用的,都是另一个世界的人才会玩儿的东西,所以敬而远之。

林风眠作品《人体》

林风眠在艺专的努力,将艺术成功地变成了大众游戏,而不是某些人关起门来玩儿的阳春白雪。

他不为名不为利,一腔热血挥洒在美术教学上,永远追求最好。不懂政治,不钻官场。名气来了,便来了;利益走了,便走了。一颗心简单纯粹,也正是拥有这样一颗真心,他才能心无杂物,成为一流大师。

这个时期的林风眠,还停留在清空一些,融入一些的绘画理念中,就像他开始到巴黎读书时一样,觉得要先清空自己的中国传统绘画技法,才能让崭新的西洋画法填满、占据内心。他此时的主张仍然没有将中西方很好融汇,而是号召"打倒一切传统艺术。"

非常绝对,没有余地。

传统需要突破、创新,然而传统之所以得以流传千年,它深处的源远流长,绝不是轻易可以断裂的。

所以这个时期,是林风眠带领艺专蒸蒸日上的时期,是林风眠在教育界与美术界引发轰动的时期,却还不是他的艺术创作达到至臻的时期。

第三节

个人大展与北平生活

进艺专不久,林风眠就在北京举办了一次个人画展。

这次的个人画展,大部分展品是林风眠从欧洲带回来的油画,他留学七年的成果,一共展出了一百多幅作品。这些带着新式思维的作品,令仍然在困守传统的学生们大饱眼福。这些油画中就有来自柏林郊外的写实作品《暴风雨之后》《白头巾》《平静》等等。

留学的风潮热之后,欧洲的风已经吹入中国大地,学子们对异国文明产生了浓厚兴趣,但是出国留学毕竟有一定的门槛,不是谁都可以去的,所以学生们对从国外留学回来的老师分外感兴趣。林风眠这次画展展出的画作,就像一缕来自西洋的风,吹进了校园,他们自然十分欣喜,纷至沓来。

林风眠作品《南洋花园》

　　这批画作，饱满的情绪表达，淡然的处理方式，扑面的异国风情，还有那种通过艺术之美传达出来的，全世界人类共通的，对命运的思索、抗争和妥协，都让艺专的学子们赞叹不已。在流连中，学生们认真学习着西画之道，揣摩色彩运用、情绪表达等每一个细节。

　　林风眠是个不太注重生活享受的人，喜欢的东西不一定是贵的，其实他也没有那么多的钱来过奢侈的生活。

　　在法国生活的时候，尽管经济一直拮据，但那毕竟是法国，他住在艺术中心，那是多么优雅而迷人的地方。林风眠喜欢喝咖啡的习惯，便是在法国养成的。午后一杯咖啡，绝不仅仅是提神那么简单，它融入了下午茶文化，诠释着生命中张弛有度的意义。无论是什么样的生活，来点午后的咖啡与甜点，片刻的悠闲散淡，可以迅速让人满血复活。

林风眠煮咖啡的手艺很好,家里来了客人,他都会亲自去煮咖啡。他还习惯在咖啡中加入一点点的白兰地,美酒咖啡,浓郁的法国风情,一直延续在他的生活中。后来他在杭州建了花园别墅,经常有师生来家里找他,他便认真给他们煮咖啡,大家畅谈一下午。

他吃西瓜的时候也会习惯性地在中间挖一个洞,然后向那个洞里倒一点点白兰地。据他自己说,这样吃起来倍加爽快。清脆的西瓜加入美酒,想必会增加一层绵甜吧。林风眠戏称:"西瓜性凉,洋酒性热,中和一下正好,很符合中医的养生原理呢。"

这样吃是不是养生,并没有真正的答案,但是林风眠,真的是很会生活的人,这点是大家有目共睹的。

也许是早年的独立生活造就的本领,不管处在什么样的境地,他都会利用环境,生活下去。一方面,他是一个不会被打倒的人;另一方面,也是因为他对生存与生活,有着本能的热情。

在做菜方面,林风眠也很有天赋和兴趣。这是很多画家都不擅长的生存技能,他是个接地气的画家、校长、学者,无论什么时候,都没有架子。

他还非常擅长做客家传统菜,如梅干菜烧肉。电影明星王丹凤、柳河清夫妇经常来林家做客,林风眠也常给老友做这道菜。后来柳河清在香港和北京开的著名素菜馆"功德林",用的酱汁就是林风眠的独家秘方,这个酱汁在"功德林"十分受欢迎。

喜爱的东西,就要做到极致,一方面是聪明,一方面也是认真。

人最怕认真二字,什么事,你只要认真了,便成功了一半,林风眠就是这样一个认真的人,在什么事上都不会马虎。

1927年5月,林风眠发起北京艺术大会,并发表论文《艺术的艺术与社会的艺术》,进一步阐述他的观点。

第四节

聘请齐白石

蔡元培推荐林风眠这个年轻人做校长的时候，是不拘一格，只重才华的，林风眠在这一点上和蔡元培步调一致。他上任没多久，就去请齐白石来学校教课，一连请了三次，齐白石才答应来试试。

当时反对齐白石的声音很多，认为他出身木匠，没有资格做教授。

北平艺专的教授都是科班出身，按部就班。同时期还有一位这么特立独行处事的，就是胡适。胡适当时是中国公学的校长，他破格聘请只有小学学历的沈从文做教员，在当时也有很强烈的反对声音。沈从文生性腼腆，第一次上课，因为紧张，精心准备的课程很快就讲完了，于是老师和学生大

林风眠作品《舞》

眼瞪小眼十几分钟。后来沈从文在黑板上写上"见你们这么多人,我怕了。"就走了。后来的事实证明,克服了紧张之后,沈从文讲的课就很受学生的欢迎。

此时的齐白石,虽然出身木匠并非科班,却也成绩斐然。

1917年齐白石为了躲避匪患来到北平,先在琉璃厂以卖画为生,后来认识了陈师曾,二人成为莫逆之交。齐白石受到陈师曾的影响,接下来画风大变。仅仅三年时间,他就在日本的中日联合绘画展中名声大噪。他在自传中写过:"民国十一年,我六十岁……我的每幅画都卖了一百圆银币,山水画更贵,二尺长的纸,卖到二百五十圆银币……我做了一首诗作为纪念——曾点胭脂做杏花,百金尺纸众争夸。平生羞杀传名姓,海国都知老画家。"从此后,齐白石卖画为生,生活顿时宽裕了起来,求画的人络绎不绝。他也作诗纪念过这样的情景:"一身画债终难了,晨起挥毫夜睡迟。晚岁破除年少懒,谁教姓字世都知。"并自注云:"因外客索画,一日未得休息,倦极自嘲。"

聘任齐白石，一方面是看重他的艺术天分和成就，一方面，也符合林风眠当时的教学理念：打倒模仿的传统艺术！打倒贵族的少数独享的艺术！打倒非民间的离开民众的艺术！

艺术来源于民间，发展于民间，那么请一位来自民间的功底超群的画家，又有什么不可以？

齐白石在《白石老人自传》中记录了这件事："民国十六年（丁卯，一九二七年）我六十五岁。北京有所专教作画和雕塑的学堂，是国立的，名称是艺术专门学校，校长林风眠请我去教中国画。我自认是乡巴佬出身，到洋学堂去教习一定不容易搞好的。起初，我竭力推辞，不敢答允。林校长和许多朋友再三劝驾，无可奈何，只好答允去了，心里多少有些别扭……民国十七年（戊辰，一九二八年）……国民革命军到了北京，因为国都定在南京，把北京称为北平。艺术专门学校改称艺术学院，我的名义，也改为教授。"

当齐白石的身份真正改成教授的时候，林风眠已经离开了艺专，也离开了北平，离开了他一手将校风引入正轨的创业之地。

第五节

风云突变

短短一年时间,青春、热血、艺术、美育、理想……艺专在林风眠的带领下,日益完善,学术氛围也空前热烈,谁知天不遂人愿。最不愿意看到政治主导学术的蔡元培和林风眠,第一次经历了暴动带来的血的洗礼。林风眠震撼了!

那是 1926 年 3 月,张作霖的奉系军队开进北京攻打冯玉祥,日本协助炮轰冯玉祥的国军,北平、天津人民举行集会,督促段祺瑞政府抵抗日本侵略。日本恼怒了,集结英、美、法、意、荷、比、西班牙等各国公使向中国国民政府提交最后通牒,要求国民军撤去大沽口防御设施。各国集合了二十多艘军舰,以此向政府施压。

这个野蛮行为,激起了北京人的愤怒。3 月 17 日上午北京爆发了大规模的反帝、反封建游行。段祺瑞自恃有日本扶持,身后还有张作霖的奉系大军做靠山,竟然命令军队用铁棍、刺刀来对付手无寸铁的游行群众,游行人群,死伤无数,四下逃散。

段祺瑞此举,彻底惹怒了北京各界人士。第二天,也就是3月18日,学生、市民、工人等由李大钊和徐谦带领,再次举行大规模游行。他们带领这些人从上午十点开始,一直到下午一点,一路高呼"打倒帝国主义,驱逐八国公使!"的口号,并派代表到国务院进行交涉。游行队伍里,就有国立艺专的学生。血气方刚的艺专学生,用前一天受伤同胞的血衣结成横幅,上面写着"段祺瑞铁蹄下之血!"愤然参与游行,群情激昂。

游行队伍走到铁狮子胡同,在段祺瑞政府大门前的广场上,惨案发生了。段祺瑞执政府卫队的指挥官命令军警向游行队伍开枪射击,想以此震慑游行群众。

顿时广场上血流成河,47条鲜活的生命消逝了,近二百人受伤。死者中,有北京女子师范大学的刘和珍,还有七个中学生,最小的年仅12岁,这一天伴着血光被鲁迅称为"民国以来最昏暗的一天"。

愤怒的鲁迅化笔为刀,写下了著名的杂文《纪念刘和珍君》。

刘半农、赵元任为纪念之而作歌:

呜呼!三月一十八

呜呼三月一十八,

北京杀人如乱麻!

民贼大试毒辣手,

半天黄尘翻血花!

晚来城郭啼寒鸦,

悲风带雪吹飓飓!

地流赤血成血洼！
死者血中躺，
伤者血中爬！
呜呼三月一十八，
北京杀人乱如麻！
养官本是为卫国，
谁知化作豺与蛇！
高标廉价卖中华，
甘拜异种作爹妈！
愿枭其首籍其家！
死者今已矣，
生者肯放他？！
呜呼三月一十八，
北京杀人乱如麻！

紧接着，李大钊被杀害，一场追杀共产党人的行动迅速展开。

林风眠全程目睹了这场血雨腥风，他也是一位热血沸腾的爱国青年，是一所学校的校长，他也发出了呐喊，在《致全国艺术界书》中写道："以言经济一面是贪官污吏以及军阀走狗们腰缠十万，厚榨民脂，以供其花天酒地，长大疮，养大疮，医大疮之用。一面是农工商人的汗流浃背，辛苦奔波，以其所有供给官吏兵匪之豪用，家则妻啼儿号，己则茹苦尝辛！"

"以言政治，在军事则年有战，月有战，日日有战，无时不战，而终无干戈底定之一刻！在政务则贪险者为民上，无所不用其极，阴谋勾结，弄得昏天黑地，一塌糊涂！转视为军阀借口以保其安宁，为贪官借口以苏其积悃之小民，则已如火益热如水深矣！"

Lin Fengmian

林风眠作品《江舟》

"……不期横逆之来，不先不后，偏于此艺术运动刚有复兴希望时来到，于是，费尽多少心血的，刚刚扶持得起的一点艺术运动的曙光，又被灭裂破坏以去！这是艺术运动中多么可悲的事呵！"

艺专的学生参与游行，又有之后的北京艺术大会举行，张作霖认为林风眠是共产党、"赤化校长"，整个艺专都是藏匿共产党的重要之地，于是下令逮捕他。

林风眠完全不懂政治，也没有一丝一毫想要懂政治的兴趣，但人间没有净土，大学校园也容纳不下清白的灵魂，他将要面临被暗杀的命运。

关键时刻，张学良说了一句："林风眠不过是个画画的，能有什么问题？"

林风眠在军阀的枪口下逃过一劫，张学良也算是他的第一位救命恩人。当艺术不得不面对动荡的局势，不得不涉及政治，作为校长的林风眠几乎成了站在风口浪尖上的渔夫，时刻都有葬身大海的危险。幸好幸运之神眷顾他，这之后的每一道生死关口，都有人适时救他一命，第二次是周恩来，第三次是学生赵无极。也许是上天不忍一位真正的艺术家沦为动荡的牺牲品吧。

混乱的时代，全民崩溃的信仰与道德，连带着艺术也跌入谷底。在这样的时代，温饱和生存已经成了重中之重，谁还有心思去钻研那些音乐和绘画？

在军阀与绝望的双重重压下，林风眠毅然从北京艺专辞职，接受蔡元培的再次邀请，南下去杭州了。此行，除了妻子爱丽丝之外，旅程上又多了一位小小的家庭成员——女儿蒂娜。这个小人儿，是他匆匆南下路上的唯一安慰了。

为了安全，林风眠是在夜里带着家人出发的。北平的茫茫夜色下，夫妻俩拎着包裹箱子，怀抱幼女，匆匆离开了。回望来路，依稀可见那些挥洒在这方土地上的热情，正在生根发芽。

第七章

大展宏图,推动美育历史

DAZHAN HONGTU TUIDONG MEIYU LISHI

人和人的最大区别就是:有的人推动历史,有的人被历史扶裹。而林风眠注定是推动历史的人。

第一节

人道与《人道》

　　林风眠画《人道》,是以张作霖等军阀混战,搜捕共产党,大搞暗杀这些事件为背景的,以此画表达他的愤怒和立场。还有一个原因就是,在这场浩劫中,他的一位共同留学欧洲的好友熊君锐也被暗杀了。

　　好友的无故离世,令林风眠对当下时局的厌恶达到了顶点,他愤而提笔画下这幅画。

　　《人道》的基调依然是黑白的,画中有许多的人体,其中最醒目的是一个女人的身体:雪白的、裸露的、垂头痛苦的,一个形似猛兽的黑色畸形身影,伸出一只爪子按住人体的肩膀,人物的各种痛苦,黑与白的大幅度色块表现得淋漓如泼。

林风眠作品《人道》

  仇恨、痛苦、扭曲、残忍、害怕……由于这幅画非常大,给人的感觉也就更加震撼。

  此外,他还有三幅这一时期的油画——《民间》《痛苦》《悲哀》。《民间》画了集市一角,两个裸露上身的男人在摆地摊,神情木然和无奈,后面立着一些小摊主,男男女女都有,完全写实,表现底层人民最平常的生活。最平常,却并不幸福和安稳,依然是延续他的表现方式——表面淡然,内里汹涌。

  《痛苦》的画面上则布满了人体,近景是两位裸女,一个仰头立着,一个半靠着,略歪着头。后面是各式各样的人体,或者站立,或者斜靠着,脸近乎藏在阴影里,但是依然能够感觉到人物内心的痛苦与扭曲。这幅巨作所表现的主旨,直指当局,让观者无不震撼。

  这也是林风眠对现实世界的呐喊,对这个无望、无序、无礼、无德的世界的控诉与愤怒。他害怕这些东西主宰人间,但是又不得不面对这样的分崩离析,既然无法改变,那就只有用画笔来表达了。

  一个艺术家最直观的表达,便是宣泄这种愤怒与呐喊。

  这是他内心最无法平静的一个时期。

第二节

筹办国立艺术大学

从踏进杭州的那一刻起，冥冥之中就注定了这将成为他的第二故乡。林风眠并没有想到，这里竟然会成为他梦里梦外的第二故乡，一生都念念不忘的地方。直到离开人世，心里念的，也依然是这片土地。人与人的缘分是奇妙的，人与土地、与城市的缘分，也是这样的，玄妙而不可预见。

他几乎一下子就喜欢上了这里，山清水秀的杭州城，水光潋滟、雾气蒙蒙的西子湖。人文历史，无不精进。八百年前的南宋迁都至此，注重文艺。坐落在杭州城的南宋画院，出现过许许多多的大画家，他们的画作，一直到如今还是有着巨大的影响，古典的艺术气息浸润着整个城市，也铸成了这个城市的气质与气氛。

杭州艺专旧址

经过了北平动荡的挫折，蔡元培并没有放弃艺术救国、美育可代替宗教的教育理念。他决定再办一所美术专科学校——江南艺术大学，由林风眠来负责，继续做校长。

换一个城市，一切都会变好的，这是他们天真的理想，充满了浪漫气息。

刚刚南下的林风眠接受了这个任务。在杭州流连一番之后，林风眠觉得，杭州之魂，其实是西湖，遂将校址选在了西湖边上。这个地方，入眼的景色不是诗情就是画意，实在是完美的居住、教书育人之地。

最后，杭州国立艺专选址就在西湖边上，孤山脚下。因为没有经费，暂时租用第三中山大学（浙江大学前身）的校舍，后来又跟政府借了三贤祠、忠烈祠、白苏二公祠等地作为校舍。条件虽然艰苦，但胜在风景幽逸，这些租来的校舍，随便哪一处，都写满了历史风烟，都是人文，都是故事。教师和学生们，沉浸在这样的氛围中，竟然也悠然自得。

创办一所学校，最艰难的不是选址和政府审批，而是生源。没有生源，一切都是空谈，再先进的理念也没用。

艺专招生的标准是林风眠定的：学制五年，招收高中毕业生。

林风眠到上海举办了一次画展，旨在为招生做宣传，以吸引更多的学子来报名。这次展出的作品有《生之欲》《人类的历史》等。

第一届学生，他们只招到了70名。

携家南下，精心选址，诚心办学，尽力招生，克服一切困难，当一切都准备停当，开学在即的时候，却出了大乱子，这让一腔热血的林风眠犹如被兜头浇了一盆凉水。

事情的起因是这样的：学生们嫌林风眠年轻又没有名望，不足以担当艺校校长这样的大任，加上学校刚刚创办，缺少资金，诸事都寒简，学生们不买账。

那次学潮闹得很厉害，对初建艺专充满热情的林风眠是个不小的打击。在北京经历的政治干预学术，军阀杀戮，他都能愤怒指责，然后置之不理。但是这次遭遇学生反对，让他内心感到无比寒凉，更寒凉的是，他并没有做错什么。

随林风眠南下的刘开渠，这时在国立艺术院当助教，后人为他所作传记《青铜与白石》中写道："不知什么原因，开学不久，还没正式上课，就有一部分学生反对林风眠校长，把标语口号贴到了校内外。"刘开渠上学时虽也曾带头闹过学潮，可这次他想不通学生为什么要闹事。

他认为有西湖这样美的学习环境，条件是很难得的，怎能蹉跎大好时光？他遵从学校的安排，和吴大羽教授带领一部分不愿闹事的学生到绍兴旅行写生。半个多月后回来，学潮还没有平息。

到了现在，学生闹事的真正原因还是众说纷纭，但是有一点可以肯定，林风眠一腔热血，无愧校长这个身份，也无愧自己的一颗真心。为了维持学校秩序，早点回到正轨，林风眠考虑开除那几个闹事的学生。

后来，在"文革"的时候，林风眠入狱，他开除学生这件事成为一条重大的罪状，罪名是：镇压学生。针对这件事，曾经对林风眠有过一次审讯。他是这样回答的："1928年，学校正式成立上课，因校舍不好，同学们不满意几个教员，把

Lin Fengmian 林风眠

林风眠作品《风景》

校舍内关帝庙铜像打掉了,引起风潮。我为了保持自己的名利及地位,就镇压学生,要他们停止再闹。但他们继续闹,我就开除了一个或两个学生。"

"为了保护名利地位",更像是一种反讽,当时的林风眠、林文铮为了建校,四处奔走,到处租借房子。为了招生,他自己举办画展。这些事繁琐又辛苦,如果说名,无非是一个校长的名头,还能稍微沾点边。说利,就怎么也扯不上了,最起码,学校才办起来的时候,是没钱的。学生风潮后,蔡元培为了帮他立威,曾经亲自赶到杭州补办开学典礼。那时候蔡元培执意要住在林风眠家,谁劝也不听。林风眠家十分简陋,几乎没有任何可以跟校长身份匹配的稍微奢侈一些的东西。这样的一位校长,哪里来的利可言,但是,他很聪明,知道他们需要怎样的回答,他就这样说了。

后来,艺专走上正轨,学校的经费就充足多了,林风眠用做校长的收入,加上卖画收入,在杭州买地盖了一座小洋房,生活条件才慢慢好起来了。

但是回想当时,他兴致勃勃准备开学,将自己的理念与思想传播出去,却有学生在校门口挂起了巨幅大标语,上面写着反对林风眠;有学生干脆冲进校园打砸铜像……这样的学生不开除留着做什么呢?

闹学在蔡元培的干预下好不容易才平息下来。

这次的学潮持续了半个多月,一直到4月8日,还没有办法真正开学。眼看着好时光都浪费在这样的事情上,林风眠十分着急,他决定顶住压力,正式开学。而要想平息这些学生的胡闹,就要将带头闹事的踢出去。

听到杭州的事,蔡元培十分担心,马上就写了一封信寄给林风眠。信是这样写的:

风眠先生大鉴:

奉电知学潮已平,学生照常上课为慰。弟拟星期五乘夜车往上海,星期六之午车来杭州;为艺术院开学式已举行过,不必说。若尚拟补行,而要弟参与,则最好于星期日(四月八日)行之,因弟星期一仍须回上海,乘夜车赴南京也。今日已函告内子,劝其携威廉与睟盦两儿同于星期六来杭州。如果能来,则威廉拟住女学生寄宿舍,请为留一间空屋。弟及内子拟附住贵寓中(如贵寓不便,则临时改寓湖滨之宾馆亦可,幸勿客气)。被褥枕头等自行携来,下一榻可也。但有扰先生及夫人,殊不安耳。

清明时节,故乡好湖山益萦梦寐;重得故人欢聚,欣赏佳作,真大幸运事;希望此次的预定计划,不改忽生阻力。如星期六因事不能来,当电告。

专此,敬祝俪祺。

可见二人莫逆之交的情义。

为了稳固林风眠的地位,提高他的社会名望,蔡元培带着妻子来到杭州,亲自主持开学典礼并发表演说,主要赞美林风眠。这次演说很轰动,有了蔡元培公开的扶持与信任,各界都认可了这个年轻的画家。

林文铮在《蔡元培器重林风眠》一文中回忆道:"1928年4月10日,蔡先生偕夫人,由南京来校,主持国立艺术院开学典礼,他的长女蔡威廉同时应聘来校任西画教授(她后来成为我的妻子)。值得一提的是,当时蔡先生来杭州,为什么不住在浙江大学校长蒋梦麟家里,也不住西湖豪华的新新饭店,而是高高兴兴地住在葛岭下、林风眠简陋的木房子里呢?蔡先生之所以一定要住在林风眠家里,具有重大意义。蔡先生就是要昭示全国文化教育界,他,年逾花甲的老人,多么器重林风眠这个不满二十八岁的艺术家,把他当作新艺术运动的旗手。"

所谓知遇之恩,也不过如此了。蔡元培这一生对林风眠的器重与爱护,真的是倾尽全力。

林风眠作品《栖》

　　林风眠所居木屋简陋，诚不及西湖边的新新旅馆更为舒适方便，蔡元培借住林风眠家中，此举无疑是向艺术界、教育界表示由衷推崇这位不可多得的少年英才。蔡元培在林风眠家中住了五天。各方名流要员前来拜会，并接受媒体采访，都须到林风眠家中，这迅速提高了林风眠的名气与威望。

　　林风眠想要开除的那几个学生，蔡元培也给了建议，觉得让他们自己退学就可以了，没必要开除。林风眠听从了这个建议，并没有对学生再追究。

　　接着，蔡元培开始着手准备补办杭州艺术学校开学典礼，此举可谓用心良苦。

　　此时的蔡元培，在政界、教育界、文化界，都有很高的威望与地位，相比年轻又势单力薄的林风眠，他就是一棵稳稳的大树。

　　补办的开学典礼上，教职员、学生全部到场。蔡元培还请来了社会各个阶层的嘉宾，每位嘉宾都是举足轻重的人物。大家欢聚一堂，蔡元培就在这个补办的典礼上,发表了著名的《学校是为研究学术而设》的讲话:"自然美不能完全满足人的爱美欲望,所以必定要于自然之外有人造美。艺术是创造美的,实现美的。西湖自然有自然美,必定要加上人造美,所以大学院在这里设立艺术院。"

对于闹事风波,他也在典礼上发表了意见:"国立艺术院是为美术家提供一个创作和研究的场所,不是专门为学生办的。希望师生团结合作,愿意跟着林校长学画的就留下,不中意的不要勉强,可以到别处去择师,去留自由。"

蔡元培的一番苦心安排,既提高了林风眠的威望,也平息了学生的情绪,并没有把事情扩大化,国立艺专如此顺利开学了。林风眠的杭州十年,是他人生中最重要的十年,也是他艺术上承上启下的十年。

第三节

重建教师队伍

林风眠在教师队伍的组建上,一向有自己的主张,在北京艺专时执意聘请所有人都不看好的齐白石,就可见一斑。

这次也依然如此。

尽管身边有林文铮帮衬,自己也任油画系主任,但补充更多的师资力量,才是重中之重,总不能三两个老师就撑起一个学校吧?后来他请来了潘天寿。

潘天寿比林风眠大三岁,曾经在上海艺专做过教师,就是刘海粟做校长的那所学校。后来上海艺专发生了一件事,也是学生闹事风波,很多学生联合起来驱逐刘海粟校长,事情闹得很大,影响了潘天寿等老师。林风眠趁机请求潘来杭州任教,潘天寿这一来,就定居杭州了。

后来也到杭州任教的李苦禅回忆说,当时林先生对他说,潘先生为吴老缶(吴昌硕)的弟子,苦禅是白石门生,可谓南北艺坛之写意集中杭州了。齐白石也说,有风眠先生及李、潘诸君子自可相携,虽远客他乡不至苦寂……

潘天寿很受学生爱戴,后来成为大画家的吴冠中在回忆录中回忆杭州艺专的老师:"我1936年进校时,校里学习很正规,林风眠、吴大羽、蔡威廉、潘天授(后改为寿)、刘开渠、李超士、雷圭元等主要教授认真教学,学生们对他们很尊敬,甚至崇拜。中西结合是本校的教学方向,素描和油画是主体课程,同学们尤其热爱印象派及其后的现代西方艺术。喜爱中国传统绘画的学生相对少,虽然潘天寿的作品和人品深得同学尊崇,但有些人仍不爱上国画课,课时也比油画少得多。爱国画的同学往往晚上自己换亮灯泡学习,我和朱德群也总加夜班。图书馆里有很多西洋现代绘画的画册,人人借阅,书无闲时,石涛和八大山人的画册也较多,这与潘老师的观点有关。"

他们是同一类人,怀着一颗纯真的心来搞创作、教学生,两耳不闻窗外事,所以能走到一起。

第二个就是林文铮和蔡威廉。

林风眠身边最重要的人就是林文铮,他是我国近代著名的美术理论家和美术批评家,在学术界有很大影响力,但他一直都愿意做林风眠的助手,帮助他。

林文铮是林风眠的远房亲戚,二人来自同一个地方,一起上的中学。中学毕业后,林文铮先去上海,申请出国留学,然后召唤林风眠也去闯一闯,他便去了,如果没有林文铮在上海,林风眠也许就不会走出家乡了。

后来二人一起学习,一起租房,一起生活,既是挚友,也是亲人。回国之后,林文铮也一直跟在林风眠身边,做他的助手。在杭州艺专,林风眠做校长,林文铮做主任,许多杂事都是林文铮在处理,他给林风眠解决了很多后顾之忧。

两个人共患难,同学习,感情深厚。后来蔡威廉嫁给林文铮后,蔡元培对这个新女婿说:"你不要从政做官,把一生的精力投放到艺术事业中去,就在这里

林文铮

蔡元培的女儿蔡威廉

干一辈子,帮助林风眠把学校办好,他一个人很难办下去的。"

林文铮果然一直都在帮助林风眠办学校,夫妻二人同心协力,不做他想。只是遗憾的是,七七事变之后,杭州艺专为了躲避战争向内地迁移时,随校奔波,却因为一件事,导致林文铮蔡威廉夫妇的悲惨结局。

当时,艺专师生全部转移到昆明安顿下来,与北平艺专合并,林风眠不会玩弄政治,也不懂权谋,在政治介入学校之后,又受到来自北平艺专的打压,只能辞职离开。林风眠被逼走,直接影响到林文铮蔡威廉夫妇,二人马上也被排挤出学校。

两位才华横溢的画家,竟然流浪昆明,没有工作导致没有收入,日子穷困潦倒。离开学校的第二年5月,蔡威廉生产,却因为没有钱,没去医院而得了产褥热,撒手人寰。

沈从文先生在1939年6月写下的《忆蔡威廉女士》一文中对此痛心疾首:"真正在那里为艺术而致力,用勤苦与自己斗争,改正弱点,发现新天地,如蔡威廉女士那么为人,实在不多,末了却被穷病打倒,终于死去,想起来未免令人痛苦寒心。"

蔡威廉是蔡元培的大女儿,蔡元培曾经带着她三次旅居欧洲。蔡威廉的教育几乎都是在欧洲接受的,她懂法语、德语,就读于里昂美术专科学习,画得一手好油画。她回国后就接受了林风眠的邀请,直接来杭州国立艺专做了西画教授。第二年便嫁给了林文铮，夫妇二人的结合也是一段画坛佳话。蔡威廉思想新潮，才华横溢，是一位不可多得的女画家。

可悲可叹。

蔡威廉去世时，蔡元培先生正在病中，亲朋好友都不忍把这一不幸消息告诉他，女婿林文铮每次给蔡元培写信，也总是以威廉名义假装问候，不忍老人承受失女之苦。但两个月后，蔡先生终于从报纸上看到了昆明举办蔡威廉遗作展览的新闻。悲痛欲绝的他遂于7月13日作《哀长女威廉》一文，倾诉失去爱女的剜肉之痛，没多久就口吐鲜血而去。蔡元培先生离世时是呼喊着威廉的名字离世的。

蔡威廉以女性的柔软细腻之心对待学生，也以如姐如母的心态爱护他们。在男老师鼎盛的学校里，蔡威廉如一朵解语花，是母性的存在，学生们都很喜欢她。

著名画家吴冠中，就是蔡威廉发现的。在一次画展中，她见一位叫吴冠中的学生画技超群，为了鼓励他，便用自己的一幅油画，去换了吴冠中一幅水彩画。年纪轻轻刚刚学画的吴冠中大受鼓舞，终生记得蔡威廉老师。后来他成了举世闻名的大画家，依然时时回忆蔡老师的这一次鼓励有多重要。

画家刘开渠曾感叹："在旧中国能有像她这样的女画家是极难得的！"

另一位是李苦禅，他曾经在北京国立艺术学校学习，是齐白石的弟子。从小生活贫苦，家境清寒，因此取名苦禅二字。李苦禅擅长大写意，画风淋漓。他是一个硬朗朗的艺术家，抗日战争爆发后，曾经被日本人抓去百般拷打受尽酷刑，从没有屈服过，依然进行地下抗日活动。在"文革"中他也遭遇了残酷批斗，被打得死去活来。李苦禅画画讥讽，毫无畏惧。他的这种风格与气度，是很了不起的言传身教。

另外还有一大批教师骨干，大家集聚西湖之畔，在校长林风眠的带领下，作画教书，宛如世外桃源，真正是不亦乐乎。

第四节

学生中的佼佼者

吴冠中是林风眠最得意的弟子之一,但是一开始他并不是美术专科的学生。他自己曾回忆如何进入艺专,成为林先生弟子的往事。他把自己的这段经历写了下来,说自己是误入艺途:"浙大高级工业职业学校读完一年,全国大学和高中一年级学生须利用暑假集中军训三个月。我和国立杭州艺专预科的朱德群被编在同一个连队同一个班,从此朝朝暮暮生活在杭州南星桥军营里,年轻人无话不谈。一个星期天,他带我参观艺专。我看到了前所未见的图画和雕塑,感观上受到强烈的冲击,也许就像婴儿睁眼初见世界的光景。我开始面对美,美竟有如此魅力,她轻易地击中了一颗年轻的心,心甘情愿为她奴役。17岁的我拜倒在她的脚下,一头扑向这神异的美之宇宙,完全忘记自己是一个农家穷孩子,为了日后谋生好不容易考进了浙大高工的电机科……"

就这样,吴冠中顶着父母反对的压力,毅然进了艺术学校学习画画。几分刻苦,几分天分,几分幸运,得遇良师,终成一代名家。

另一位是朱德群,他擅长画抽象画。他认为中国的绘画接近抽象画,中国宋代的范宽、李唐和很多的画家,他们笔下的山水,都与真正的自然有很大的距离,距离就带有抽象的意义。

朱德群是非常得林风眠真传的一个学生。他将中国画的写意意象巧妙融入西方绘画中,神韵与写实兼具,用油画颜料却能画出水墨的感觉,颜色清透淡远,气韵流畅,意境悠长,自有一种飘逸的味道,和林风眠中期的风格很像。

朱德群是聪明的人,他将这种聪明很巧妙地运用到绘画当中了。2001年朱德群为上海大剧院创作了巨幅抽象油画《复兴的气韵》,将哲学、儒学、意境,巧妙地融汇在一起,十分生动成为经典。

还有一位令林风眠得意的学生就是赵无极。

赵无极擅长在画作上注入诗情,诗画一体,自古就是文人画所追求的意境与内涵。赵无极十分喜欢这样的风格,这也是受林风眠的影响。

法兰西学院华裔院士程抱一发现了赵无极抽象油画的这一特点,写道:"吸取了西方艺术的伟大之处……也发现了东方文化之精彩。"

赵无极后来红极一时,常年占据画家富豪榜首位。他的画,后期非常难求,而且相当值钱。赵无极是林风眠最爱的学生之一,二人的师生情义也更深一些。这从后来"文革"时赵无极长跪救恩师,便能窥见一二。

在中华传统文化中,尊师重道的基因太深了,这种恭敬是美德,但也是一种约束,它很难让师生有打成一片联络感情的机会。

能给予学生最大包容,和学生打成一片的老师,大概是从蔡元培、林风眠这一代开始的吧。

林风眠作品《秋天》

　　林风眠最得意的学生赵无极曾经说过，林风眠鼓励我对传统的质疑，当我要以不同的方式观察和思考时，他宽容我，还保护我不受排挤。

　　林风眠和蔡元培理念一致，无论是对艺术还是对学生，尽可能包容。赵无极是个非常好学的人，每天下午学校放学关门后，他就跟几个同学从半开的窗户爬进教室去画画。

　　林风眠喜欢组织展览，几乎每天都会有一个小的展览，就是将学生当天画的画都挂起来，请大家观看、点评。这些作品中自然有很好的作品，大家围在一起叽叽喳喳，对好的作品心生羡慕和敬佩，于是也会赶着去画一幅更好的，等明天展出的时候，期待也能收获这样的艳羡。

轮流观看每一位学生的作品，取长补短，集体讨论，还有老师在旁边讲解，这个过程本身，比上课讲的那些理论知识还要生动有趣、事半功倍。

于是学生们的学习热情空前高涨，每天教室关门后，都有人偷偷爬进教室去画画。

终于远离了动荡和政治，师生们一心钻进艺术的海洋里，尽情遨游。

后来的赵无极和朱德群两个人，果然造诣颇深。朱德群当选法兰西艺术院终身院士，赵无极为法兰西画廊终身画家。另外一个时常翻墙进教室画画的赵春翔，成为西班牙国家美术协会永久会员。这些来自杭州，来自国立艺术院的林风眠的学生，走向了世界，在世界美术史上占据了不小的位置。

当年的《申报》曾报道："青年画家赵无极，研究西洋画有年，造诣甚深，夙为名画家吴大羽、关良等所赏识里。"

赵无极后来说："我们所追求的，是我与他人、与世界的契合。"可见深受恩师影响。

包容学生的个性，也包容中西方绘画融会贯通。

那个时代，人们思想普遍还很保守，女子入学堂这样天经地义的事，也才刚刚有了一点松动。在学术上，绘画上，就更喜欢拉帮结派，将东西方刻意对立起来。在有些人眼里，传统绘画是国粹，西洋画就是西洋画，到底应该低一等级，不能同日而语，还互相诋毁和看不起，各种争端不断。在学术上这样搞，显得乌烟瘴气。

林风眠便提出"介绍西洋艺术，整理中国艺术，调和中西艺术，创造时代艺术"的办学主张。

林文铮主张的是："艺院之目的不在养成艺匠，而在精通古今中外之艺术学理，兼擅长于创作的艺术家。欲达到此目的，则势必学理与技术并重。"

在这样的主张下，艺专创办的第二年，就将国画、西画并成一系。

艺术是相通的，不分国界的。

林风眠聘请来的教师吴大羽认为：绘画是世界语言，东、西方艺术都是这个世界语言中的词组，可以自由组合。他最常说的一句话是："画画最重要的是感觉，对对象的第一感觉很重要，能发现，能抓住，能表现感觉，便成功了。要用自己的眼睛来观察事物，用自己的手来表现自己的感觉。"

吴大羽是林风眠聘来的老师，林风眠看重的不仅仅是他的绘画技法，还有思想性、包容性和他的豁达。

一个没有豁达心胸的人，就算技法再纯熟，到头来也不过是画匠而已。绘画，拼到最后，拼的便是格局、心胸、包容、风度。

朱德群的说法也是如此："我踏进杭州艺专大门的时间是1935年9月，那时中国有四所艺专，各自设定的绘画专业课程大相径庭。有的是专学国画，譬如由李可染主持的徐州艺专就是。刘海粟任校长的上海艺专和严志开任校长的北平艺专，则将国画和西画分成两个系，每个学生只能任选其一。唯独由学贯中西的林风眠任校长的杭州艺专，只设笼统的绘画系，虽然主要在学西画，但是同时必修中国水墨画，双管齐下。"

正是在这样一群纯粹、真性情、包容的老师们带领下，杭州艺专才很快形成了独特的艺术氛围。这里的老师和学生，只谈画画，不生排斥。这样的学术氛围，这样的校风，正是蔡元培想要的效果。也正是在这样纯粹的环境，才如肥沃的土壤，滋养出了一大批的大师。

第五节
开基本功训练之先河

　　林风眠先后在杭州艺专担任校长十年。这十年里,除教书处理学校事务之外,他潜心作画,是他人生中的黄金十年。

　　林风眠发明了一种新的素描绘画方式,曾经引起轰动,被誉为"林风眠素描法。"

　　他强调从自然对象中寻求单纯而有质量的造型,而传统的绘画基本就是临摹、模仿,并没有在创造上下功夫。

　　在这方面,林风眠摒弃了西方写实主义的对三维空间的幻象临写,他强调对自然形体的简化,要求写生时注入更多自己的感受,而不仅仅是冷冰冰的写实。这已经很接近中国画的精髓——神韵。

当时的传统中国画,已经缺失了写生等基本基础,后人大量模仿前人,在传统中止步不前。到了晚清民国时代,大量中国画故步自封,为画而画,失去了真实和鲜活的生命力。林风眠的主张,恰恰弥补了这方面的缺失,到自然中去,并不仅仅是在画布上大量模仿自然写实。自然而又简洁化,在写生的基础上,注入自己的感受。他强调造型单纯、简化,其实依然是中国写意画的内涵。写意简单却有余韵,结合写生加以创新,这样的素描临习,出现了新的效果——鲜活又准确。

单纯,一直是林风眠追求的绘画风格。

西方的写生与东方的神韵,第一次尝试结合,便产生了奇妙的效果。

总结成一句话就是,在繁盛复杂的大自然中找到一个最有表现力的点来加以描绘,也可以说是特点。

但就世间万物来说,每个人的性格、品味、观察力、审美,都是不同的,所以同样是一座山,一朵花,一棵树,一条河,每个人眼中的特点都是不一样的,表现出来也是千差万别,这就是林风眠的目的:但求特点,不要雷同。

跟着林风眠这种独特的素描临习法学习的学生,都慢慢在这特殊的基础训练中找到了自己的特点,也发挥出了自己的特长。一代学生,各有千秋,从临习古人中彻底走了出来。

林风眠自己的画,在这十年中也有了巨大的改变。这改变也是他悟出来的,从最开始在法国的一心求西,到后来又研习中国传统艺术,到对现实主义的淋漓表现,对现实的无声控诉,到最后——将写实与神韵完美融合。

突破前人桎梏,在教书育人的繁忙之余,林风眠从来没有停止过探索和创造。

他画的仕女,既延续了唐代仕女的流畅线条,又脱离了传统仕女画的写实性。他创造出了新的仕女形式;他画的花鸟,其清新神采,也是前无来者。有人诟病他将仕女都画成了一个表情,所有的情绪都靠色彩和线条来表达,但是他

林风眠作品《马》

却将鸟儿画出了少女的模样,或灵秀,或纤细,或温柔,或逍遥,他笔下的每一只鸟,都仿佛被注入了少女的灵魂。

对于画画来说,创新,才是源远流长的根本。

所以林风眠是个了不起的画家,这份了不起,不仅仅是因为他开启了美育事业的新篇章,也不仅仅是因为他画得好,而是因为他独创了一条路出来,在中国画似乎走进了死胡同的历史性关键时刻,他开创了一条新的路出来。后人多了一份选择,多了一条路,他也给这个世界增添了一份崭新的美。

蔡元培的眼光是很厉害的,他两次推荐林风眠做校长,并不仅仅是因为林风眠画画好,有潜力,更是因为他有一份赤子之心,还有真正的能力。

在北平艺专的时候,他任教时间太短,又赶上军阀混战等情况,学校里也是秩序混乱,很难做到真正的徜徉在学术氛围里;只干了一年时间他就被迫辞

百年巨匠
Century Masters

林风眠作品《猫头鹰》

职,就算是这短短的一年,还得到了学生们的推崇和爱戴。后来军阀之乱平息之后,北平艺专的学生还专门请愿,请林校长回去,可是此时的林风眠已经创办了新学校,做了新校长,也就没有再回去。

能被学生喜欢的老师,才是好老师。

林风眠在绘画教学上有创新,在管理上同样也有创新。

他强调强化训练,非常重视基本功,学校的基础课程林风眠都是亲自任教,容不得一丝马虎。训练学生拥有扎实的写实能力,是林风眠最重要的教学理念,也是延续至今的美术练习方法。很多人的意识里,画画是需要天赋的,拥有天赋,再加上后天勤奋,基本就能画得不错。所以很多小说、影视剧,都喜欢将画家描述成天才,只要有个机会,就能凭借天分一飞冲天——太理想化了!

其实并不是这样,对于画画来说,天赋确实重要,比如你对色彩的感知能力,审美的趣味,对描绘万物的兴趣,都缺一不可。但,仅有这些是完全不可能出类拔萃的。无论哪位天才画家,想要成功,都需要扎实的基本功。林风眠说的对,没有坚实的写实基础,想要去变形、创新是不可能的。他一生都在强调基础的重要:"艺术之道,基础要严格,创新要自由。"

没有基本功,再有天赋,也会沦为平庸的画匠。

林风眠重视写生,重视学生的造型能力,但他又是宽容的,不鼓励学生刻板用功,他要学生随意去画。

画画需要心态,需要灵感,有时候太累了,或者到了瓶颈期,越急越画不出来。林风眠并不会批评,而会鼓励说:"画不出来就不要画,出去玩玩。"或者"去读一些文艺、哲学、历史方面的书吧。"

读书,是解决所有问题的办法,林风眠本人就很喜欢读书,喜欢写古体诗。

林风眠很尊重学生的个性和特点,真正将因材施教落实到了教学中。学生都喜欢上他的课,无论是在课堂上还是写生,学生都是自由的,想怎么画就怎么画,他不加约束。

有一次,一个学生将花枝画成了扭曲的形状,招来了同学们的大笑。也只有在林校长的课上,同学们才会如此放肆,开心大笑,这也是林校长的绘画理念之一:开心的情况下,才会更投入地去做一件事,画画不是用来发泄情绪,而是用来表达内在感受。你心里有怎样的美,你的笔才会在画布上画出怎样的画。他经常说:"你看到的是什么,就真实大胆地画出来好了。"

林风眠爱笑,但是他的气质总是带着淡淡的忧伤,所以他落在画纸上的颜色与线条,都怀着淡淡的忧伤,又有着清浅的孤独,这都是人内心的映射。林风眠喜欢这样内心映射出来的画,所以,他不会勉强任何一个学生。

赵无极贪玩,总爱逃课,被国画老师潘天寿老师抓到几次,差点开除。林风眠却能微笑面对这个调皮的学生,他觉得赵无极功课好,又努力,可以原谅这些不守规矩的小瑕疵。严肃的老师不理解,学生却懂得林校长的好,赵无极更是深感师恩深重。

林风眠很会启发和引导学生。

林风眠给学生创造最好的空间与条件,却给予学生极大的自由。为了方便学生观摩,他在学校里弄了一个小小的动物园,这里面养着很多动物,孔雀、鹰、猴子、鸟……学生可以随时去写生,但是学校却从不被要求交课外作业,一切以学生的意愿为主,你想画就画,绝不勉强。在这样宽松的教学氛围中,学生们都热情高涨,常常放学后还翻墙回教室继续练习。林校长非常爱笑,对学生也好,他的课总有人逃课,因为不会受到严厉的惩罚,都知道林校长爱护学生;但是他的上课质量最好,他将平生所学,都尽数教给学生,毫无保留。

吴冠中回忆:"林风眠任校长时,杭州艺专对西方现代艺术采取开放态度,因知年轻的同学们很早就体会到绘画中形式美的重要性,练基本功的同时就着意讲究色彩、线条、节奏、韵律……我们感激青年时代的有益的教学、指导,幼苗的成长全靠园丁智慧和辛勤的培养。"

对有天赋的学生,林风眠鼓励他们好好练基本功;对天赋稍差和刻苦用功的学生,林风眠引导他们打开思路,随心随画,不要拘泥于方法。

这样一来,学生们各有所长,也各有补益,从来也没有出现过那种统一一刀切似的教学,同学们也因参差不齐各有特点,而各有各的路,大家都在进步。

他懂得杂糅古今。

林风眠不迷信传统,他不要求学生做到临古画临到什么程度,学生在他这里,是完全自由的。他唯一的要求就是:画画的时候要倾注感情。你倾注了感情的作品,就是独一无二的,机械的临摹只能将线条练好,并不会对创作有多大帮助,说到底,画画的灵魂还是创作,他需要画家永远有一颗玲珑剔透的心,不拘泥,不呆板,懂变通。

这让学生受益良多。

这些在当今看来都是十分平常的教学方法,在那个时代,对学生来说却是十足的全新的体验与受益。任何厉害的人都很难突破时代的局限,林风眠当时的这套教学理论,确实是走在了时代前面的。

他是校长,却只爱人才,在杭州这样一个如诗如画的地方,又远离了政治中心,林风眠尽最大可能保持了本性,单纯、温润。他招收学生,但是绝不扩招,他只要他看好的,能在画画这方面有前途的学生。

诗人艾青也曾经考取了杭州艺专,林风眠看了他的画后,却劝说道:"你不适合留在这里学画,我建议你去欧洲留学,那里更适合你。"

艾青信任林校长,便退学去了法国,后来也成为一代大家。

林风眠只是校长,不做商人,这份纯粹与初心,跟随了他一生。

第六节

杭州重要的十年

林风眠一共在杭州任教十年。这十年,是中国美育事业巨变的十年,也是林风眠艺术生涯最重要的十年。

除了教书之外,林风眠在这个时期画了大量油画。此时,外面局势风云巨变,远离北平与南京的杭州城却像一处世外桃源,他生活安定,内心丰盈。

安定和丰盈,是一个艺术家的底气,在这样气定神闲的氛围里,理想有多丰满,现实就会允许你去实现。

他创办了学院刊《亚波罗》;为了稳固教师队伍,他成立了西湖一八艺社,成员全部是杭州国立艺专的老师们;他同林文铮共同制订了《艺术教育大纲》;发表了《中国绘画新论》《美术的杭州》《我们所希望的国画前途》,并且在36岁

林风眠作品《彩霞荷塘》

这一年写了《自述》,这一年时间,可以说是林风眠学术的黄金一年,除《自述》之外,他还发表了九篇论文。

从一个青涩稚嫩的画家,到年轻的校长,再到如今的林风眠,他经历了一条曲折却又有效的蜕变之路。此时的他,经历了世事的洗礼,时光的浸润,技法得到磨炼,个人绘画理论逐渐成熟,积累了大量工作经验,与学生相处越发得心应手。

学校里有师友相伴,林文铮、蔡威廉,是挚友,又是同事;有认真可爱的学生赵无极、吴冠中,才华横溢,青春飞扬,看着他们,心情都是愉悦的。

累了,抬眼便是西湖水,柳丝清扬在湖面上,碧水蓝天中,万顷荷花接天蔽日。下班回家,女儿逐渐长大,妻子贤惠温柔,桌上有热菜热饭,院子里有花也有菜。西湖边,这么宜居的城市里,过着最安稳的日子,这些平静与满足,滋养

林风眠作品《静物》

着林风眠。他办杂志、出书，捐助学校、办展览，教学生、画画，与潘天寿远赴日本考察，杭州这十年，他做的每件事，都是由心而做，没有勉强，没有烦恼。

如果人生一直是这样就好了。但如果一生真的就这样了，林风眠也不过是一位成功的大学校长，一位日渐安逸事业成功的中年男人。

乱世带来了苦难，苦难的夹缝中，又藏着际遇。那些际遇，如顽强的春草，遇见春天便会发芽。

这个时期的林风眠，虽然创作了大量作品，却多是油画，多了些气定神闲的味道与忧伤的华贵。

第八章

战争爆发，画风突变

ZHANZHENG BAOFA HUAFENG TUBIAN

几千年来的艺术家都幻想彻底远离政治，当暴风雨来时，便去避世了。林风眠不一样，他将艺术扎根在民间，他不躲避，反而迎难而上。

第一节
南迁之路毁掉珍贵画作

1937年,卢沟桥打响第一枪后,日本侵略者大举进攻华北、华东,抗日战争全面爆发。8月13日,日军进攻上海。学生们都是血气方刚的年轻人,他们怒了,上街游行,募捐救国,成立杭州中等以上学校抗日救国联合会,查抄日货等……学生运动又一次惹怒了官方,学生们在遭遇教育厅的镇压后,便打砸了浙江省教育厅厅长张道藩的家。张道藩仓皇逃跑,从此却与林风眠结仇,认为艺专学生的所作所为都是受校长林风眠指使。

下一步该怎么办,又会发生什么样的事,谁也不知道,一向有远见与洞见的蔡元培也没了主意。为了保住学校,蔡元培介绍林风眠加入国民党,没想到此举日后竟给他带来

林风眠　　　　　　　　林风眠的女儿林蒂娜

巨大灾难,尽管他从来也未参加过国民党党会,只不过挂一个虚名而已,加入国民党后,学校也并没有保住。

10月,国立杭州艺专仓皇向西南迁移。

这些年如在世外桃源,专心画画做学问的师生们,犹如惊弓之鸟,匆匆收拾东西,向江西、湖南两地转移。

战争带来的满目疮痍,遍布祖国大地,学校无法安生上课,农民不能安稳种地,各行各业凋零,哀嚎一片,被侵略的痛苦与愤怒,犹如大山,沉甸甸压在师生们的心头。

此时,爱丽丝正带着女儿蒂娜在法国探亲,学校匆匆迁移,林风眠便通知妻女不要回杭州了,回国可径直去上海租界暂居。而他们,便马不停蹄向内地进发。一所学校,一个生活工作了十年的地方,要想在一夕之间将重要的东西都带走,简直是不可能的。何况在那样一个时期,交通并不便利,到处都是战火,各种物资都紧缺,车马更是奢侈,林风眠在杭州这些年,创作了大量油画,而油画又比较难带,于是那些珍贵的画作,就都丢下了,带不走。

保命重要,人走了就好,但那些画作,代表着20世纪30年代的艺术风潮,后来都悉数被日军毁掉了,得知这个消息后,林风眠的心在滴血,这是他第一次面对这样的痛苦,他没有想到,还会有第二次。

毁画,对于一个画家来说,比毁掉自己还痛。

在国难面前,有多少画家的珍贵作品都这样毁于一旦,又有多少人的家园不复?眼前已经没有力量来计算和思考这些,人们疲于奔波,希冀着神州大地能有一片净土,能得以扎根暂居,安抚身心。

他们先是到了江西,江西也动荡,接着又到湖南,但湖南暂时安稳,终究也不是长久之计。此时逃难来湖南的,还有北平艺专,一南一北两个学校,还是这个校长。林风眠面对北平艺专的逃难学生,心里五味杂陈,各种滋味都涌上心头。

两所艺专渊源既深,限于经费有限,又在湖南碰面,干脆就合并成一校,统称为国立艺专,从此不分北平杭州。这次的双校合并,废除了校长制,改成教务委员会,林风眠任主任委员,职责不变,只是制度变了。

两所学校合并,两方领导共事,两种理念碰撞,艺专再也不是那个单纯做学问,画画的世外桃源了,许多的势力和意见都介入进来,各怀目的,意见无法统一。

本质上,林风眠只是一个艺术家,也一直是一个艺术家,他最不擅长参与这些政治上的东西,他看不懂,甚至连明哲保身这样最基本的原则都做不到。

杭州和北平的教员自然分成两派,加上逃难到此后,学校里经费紧张,上课、食宿、工资、教具等都需要大量金钱维持,两个学校表面上合并一校,却无法在资金上共享,谁也不想管谁。当时的北平艺校校长赵太侔,做人十分圆滑,新学校面临的问题太多,他却都推给林风眠,林风眠一个学者,脱离了安稳的校园环境,简直是束手无策,没多久,他就支撑不下去了,只能辞职回家。他带着遗憾和伤心走了,径直去了上海,与妻女团聚,也算是人生的另一种补偿了。

第二节
逃亡途中,大量创作中国画

这一路上,又要照顾学生,又要顾及教员,还要顾及长途运输中的教具是否完好,包括钢琴等贵重且又笨重的物件。林风眠含辛茹苦,身心俱疲,很快钱就花完了,大家就省吃俭用。说到底还是教员在省吃俭用,学生们大多数年轻不懂事,几次三番在路上闹事。有一次还有同学听信谣言,以为林校长要抛下他们走掉,于是将林风眠锁了起来,这样一锁就是三天,误会才解释清楚,身心疲惫的林风眠并没有想要去责备他们,挥挥手便罢了。他对学生始终以一颗赤子之心相待。

无论多艰苦的条件,是画家还是要画画的,手中一支笔,心里一股清气,林风眠几乎是走到哪里画到哪里,这一

林风眠作品《渔》

路的奔波无论多苦多累,他都没有停下过创作。

在杭州的时候,林风眠虽然在教学的过程中将西画和中国画融合在一起,但是鉴于他留学欧洲这些年的所学所感,他还是偏向西画的,据同学们回忆,当时的油画课每天都有,国画课却每周只有四节,非常少,因此国画教师潘天寿还曾和林风眠就此事产生过争论。

林风眠自己画的也多是油画,无论是在杭州和南京展出的作品,还是迁移时被日军毁掉的,大部分都是油画。如果没有这场战争,这次逃亡之路,也许林风眠油画上的造诣会日益精进,慢慢就放弃中国画了。

可是在逃亡路上,根本不具备画油画的条件,最大的原因就是没钱。画油画的成本太高了,画布、颜料等等,都需要钱。而国画就省钱多了,一套笔墨纸砚,不会贵到哪里去。水墨之色,或水或墨,只是水而已;几滴墨,不同的水,清浅浓淡便层次尽显,有墨色之美,余韵便出来了。

林风眠小时候临习《芥子园画谱》，在中学时代一直修习的是国画，自然有一定的国画基础，这一次捡起毛笔，专做国画，他便着意将西画的许多染色法融了进去，产生了奇妙的、美不可言的效果。

相比油画，国画无论是颜料还是墨，都需要调水才能落在宣纸上，这个色彩程度的把握，全靠感觉。林风眠觉得调了水的颜色落在宣纸上，未免显得轻飘了些，不够厚重，这也是他通过对油画由来已久的研习，才有的独特视角和经验。为了国画颜色也能厚重，他将颜料里调了墨进去，来悍，来染。他渐渐陶醉其中，还称自己是好色之徒。在这一路上，他尝试单纯的水墨，尝试艳丽的色彩，也尝试轻纱一般的透明，也有时候，只用淡淡的墨色勾勒，浅浅的绛色调染，画面如烟如雾，如纱似隐，营造出梦一般的氛围。

一边走，一边尝试；一边身累，一边心内丰盈。

吴冠中曾回忆："抗战爆发后，1937年冬杭州艺专奉命内迁，紧要时刻我自己的钱意外丢光，德群的钱由我们两人分用。后来沦陷区学生每月发放五元贷金，这微薄的贷金养育了我的艺专生活，否则，我估计自己在艺专是念不完的，因没有经济来源。林风眠奉蔡元培之旨在杭州创办国立艺术院，后改为国立杭州艺术专科学校。"

"杭州艺专教学虽认真，但很少对社会展出，有点象牙之塔的情况。日军侵华摧毁了这所宁静的艺术之塔，师生们被迫投入了战乱和抗敌的大洪流。所谓抗敌，师生沿途作宣传画，也曾在昆明义卖作品捐献。更有进步的同学则悄悄去了延安，当时不知他们的去向。撤离杭州后，经诸暨、江西龙虎山、长沙、常德，一直到湖南沅陵停下来，在滨江荒坡上盖木屋上课，其时国立北平艺专从北方迁来，合并为国立艺专。合并后人事纠纷，闹学潮，于是派滕固来任校长，林风眠辞职离去。"

"后长沙形势紧急，危及沅陵，又迁校。我一直跟着学校，从沅陵迁去昆明。从沅陵到昆明必经贵阳。在贵阳遇上一次特大的轰炸，毁了全城，便匆匆转昆明。在昆明借一小学暂住。在尚未开课之前，我发现翠湖图书馆藏有石涛、八大等人的画册，不能外借，便天天带着笔墨到里面去临摹。回忆在沅陵时在校图书馆临摹《南画大成》，警报来了都要上山躲避。其实警报虽多，从未来敌机，因此我请求管理员将我反锁在内，他自己去躲空袭，他同意了，我一人在馆内临摹真自在。昆明开课后，依旧画画，只模特儿不易找，我们在教室内不断谈到模特儿，一位模特儿提出抗议：'什么木头木头，我们也是人么。'我看常书鸿作油画示范，画到细部，他用法国带回的一根黑色的杖架在画框上部作为手的依附，我初次见到这种学院派的作画方式。其时吴大羽也正在昆明，我们恳请滕校长聘回吴老师，但他口是心非，只认为常书鸿便是当今第一流画家。"

"警报频频，昆明又非久留之地，学校迁到远郊呈贡县安江村上课。安江村很大，有好几个大庙，我们在大庙里用布帘将菩萨一遮，便又画起来。70年代我到昆明，专访了安江村，村里老人们还记得国立艺术大学的种种情况，指出滕固校长及潘天寿等教授的住址。有一位当年的女模特李嫂尚健在，我画过她，想找她聊聊，可惜当天她外出了。"

可见师生们一路流亡一路不停画画的事实。

第三节

冒险拜会张学良

　　林风眠带着学生们撤到沅陵的时候,曾做短暂停留。沅陵这个地方,地处湘西深处,暂时安定,这里山清水秀,民风淳朴,又有山峦密林,小村古镇,如果说杭州像一颗明珠,这些美丽的小地方,便是一颗又一颗玲珑的玛瑙,串起许多的日子。

　　队伍停了下来,安营扎寨,就地开课。巧的是,这里正是沈从文的故乡,校舍就租借沈从文家的一处小院,依山傍水,抬眼就是吊脚楼,水面上映着山与树的倒影,勤劳的女人们背着背篓,在小路上慢慢前行。在沈从文大哥的帮助下,他们又租下几个小旅馆做教员宿舍,就这样开课了。

　　教员们得到了沈家的关照,林风眠一直记得这个恩情。

多少年以后,他还经常跟黄永玉打听沈家大哥的情况及沈从文的近况。纯粹的人遇到纯粹的人,善良的人也被善良对待。

这里山水秀美,淳朴到几近原始,上课条件却十分艰苦。所幸的是,师生们见惯了西湖之绝美,在这偏僻的大山深处,邂逅这份秀丽与民风,大家忘却辛苦,十分新奇。于是写生课也变得丰富多彩,他们可以画农妇,画村庄,画田野上奔跑的孩童,画潺潺的小溪,画野花,画野树,画那么多不熟悉却又有趣的世间万物。从高大上的人间仙境西湖边来到这深山处,来到民间一起生活,这种体验,让师生们都忘记了旅途的艰苦与临时校舍的简陋。

唯一不方便的是,这里没办法买到生活用品,要买东西,要徒步走很远,到镇里去。

沅陵安定,从内地撤退的许多团体都暂停沅陵。

林风眠偶然听说,发动了西安事变的张学良将军被蒋介石羁押在此处,想想当年在北平,张作霖要枪毙他,张学良曾经一句话救过他一命。林风眠百感交集,感叹人生无常。张学良居住在凤凰山上的一处古庙里,与林风眠安营扎寨的地方一江之隔。

张学良此时已经是阶下囚,所有接触他的人都有危险,他也很难接触到人。林风眠不顾安危,一定要去探望救命恩人。

此时的张学良,已无生意,一路被羁押,生活条件已经十分艰苦,尤其是居住在凤凰山,这里僻静、幽密,人迹罕至,他的夫人于凤至已经赶来陪他。经文黄卷,古佛青灯,红尘富贵风流中的两个人,一次又一次跌入世外。如果真的就此成了方外人,倒也清净了,只是,他们尘缘未了,身不由己。

佛门的清净并没有让于凤至的心情平静下来,佛光也没有普照众生。此时,于凤至已经患病,时常胸部疼痛,乳房居然出现了轻微溃烂的疮口,这么多年的风雨共担,于凤至从没怕过。此时的身体状况,却让她手足无措了。这个夏天,异常闷热,于凤至与张学良的心,却是寒冷的,被恐惧的冰雪封住了。

一切都没有答案,这一夜夜的疼痛中,日子慢慢流淌着,时光也仿佛变慢了。

曾经的叱咤风云,都淡去了,以为这世间再不会有人记挂他,林风眠却来了。

这是他们的第二次见面,时间已经过去了十多年,世事沧桑巨变,人间几易春风,时光划过脸庞,已经有了风霜的痕迹。

山风飒飒,香火微微,山门处,负责看守的特务走来走去,整个寺庙铜墙铁壁一样。在这样似乎被世间遗忘了的地方,张学良和林风眠对坐着——一位曾经是威名赫赫的将军,一位是引领美育教育走向革新的人,两个似乎永无交集的人,因这神奇的际遇,坐在了一起。

于凤至忍着疼痛,给他们泡茶来。

静,只有山风吹过。

大概因为林风眠只是个纯粹的艺术家,一个只会画画的人,蒋介石并没有在意他去探望张学良。

第四节

短暂团聚

林风眠辞去校长之职,曾经给接手的赵太侔、常书鸿留了一封信,他在信中说:"风眠服务艺术界十余年矣,本欲尽其绵力,使艺术教育发扬光大,不图时局影响,两校合并,十年基础毁于一旦,言之痛心。兹幸两校员生均已安全抵达,新校亦已组织就绪。艺术之一线生机尚望,两兄维持勿令完全毁灭。风眠体力素弱,不胜繁剧,业经呈命辞职,唯校员生随弟多年,不无念念,务希两兄力予维护,勿使流离,是所感盼。"

被排挤无奈退出后,他关心的仍然是艺专的发展前景、教育未来,林文铮读完此信后感慨万千,纵铁石心肠的学生闻之也泪流满面。

林风眠杭州故居

这封信之后,学生们心绪难平,替林校长不值,便又闹了一次学潮,坚决要林校长回来,否则就不上课,几位教师也参与了进去,教育部最后实在没办法,又将林风眠招了回来。只是,之前的问题依然在,林风眠也学不会调停各方面的意见,他没办法做一个官员类校长,他永远只是一个画家,一个老师。

所以折腾了一圈,林风眠第二次辞职了。

林风眠走后,林文铮夫妇也遭遇排挤,被艺专辞退,二人流浪在昆明,最后导致蔡威廉惨死。

林风眠先是回了杭州,将杭州的家安顿了一下。那是他最安稳的日子的见证,是他最有感情的一处住所。

林风眠做艺专校长十年,收入还算丰厚。他一生都喜欢安定,以为再不会离开杭州,便选址建宅,修建了一栋花园别墅,这所房子在玉泉路上,全部设计都是他一个人来完成。院子里铺着草坪,一年四季茵茵绿意,园子里种了许多树。下雪赏老梅,秋末看梧桐,初秋桂花香,盛夏围墙上挂满了凌霄花,爬满了紫藤。花草树木之外,他还辟了一块地方种菜,想想齐白石笔下的瓜果蔬菜,充满了生活气息,林风眠也经常带着学生画这些。回廊、栏杆、凉亭,具有南方园林之美,又融进自己的品味趣味。对于穷学生来说,林校长的家就是天堂,是世外桃源,他们最爱往林校长家里跑。

看当时的照片,这一时期的林风眠,总是笑得无比灿烂,因为他正过着自己理想的生活。

但随着一声枪响,这一切都被战争打破了,他再也无法过那样平静的、优渥的日子,他的人生被打乱了。

杭州已经不是安全的地方,不能为了一栋房子而冒生命危险,林风眠只好带着妻子和女儿离开杭州,决定住到上海租界去。

最后看了一眼,他轻轻掩上别墅的大门,犹如掩上了前半生。

他走了,没有回头。

一家三口来到上海,爱丽丝进了图书馆做管理员,蒂娜上学。在租借的一座二层小楼里,日子还是那个日子,心情却已经不是那个心情,昔日风光无限的林校长,开启了卖画为生的日子,悠闲,又无奈。外面仗打得水深火热的,他哪里有心思关起门来创作,好好卖画呢?

在上海住了一段日子,林风眠遇到了一位熟人,此人已经做了汉奸,为伪政府做事。经过了这么多风波的林风眠虽然依然心思纯粹,却锻炼出了非同一般的敏感,他意识到了危险,马上就离开上海,离开了妻女。这次离开,真正是分别日久。

他的初衷是不想再给妻女带来动荡和危险,毕竟上海租界还是安全的,只要他走了,就没有谁会对这一对母女怎么样了。

他一个人跑到了嘉陵江,过起了隐居生活。

离开上海后,林风眠试图再回到艺专去,回到他辛苦创办的学校去,但是

Lin Fengmian

林风眠作品《春》

当局没有答应。万般无奈,他无路可走,便来到嘉陵江,找了一处仓库住下来,过起了隐居生活。

从魏晋开始,乱世中,士子就会被迫隐居,远离政治,林风眠也不得不走上了这条路。

在这里,没人知道他是谁,人们只是看到一个人近中年的男子,清瘦,目光炯炯。他每天挎着篮子出去买菜,回来烧饭,自己洗衣服,打扫卫生,生煤炉子,经常被浓烟呛得咳嗽,谁也没有注意过这个人——他来自哪里,有着怎样的过去,又曾经是谁。

他是怕再次卷入政治漩涡中去,是怕到人群中去,还是想找一处清静之地,潜心作画,不问世事?谁也不知道林风眠隐居的真正原因是什么。其实他本来可以有很多选择的,就算不做艺专校长,以他的名望、身份、画功,到哪里也能谋一个差事,过好点的生活。也许是厌倦,经过了几次闹学风潮,勾心斗角,军阀混战,日本侵略等,他对这个混乱的世界有了抗拒,他只想做一个画画的人,却找不到一个能让他专心画画的地方。

林风眠在嘉陵江边一住就是六七年,其间从仓库又搬到一处小茅屋,依然是简陋到只能维持最基本生活的设施。

据探望过他的人说,林风眠在这里的住处,简单到不似有人在这里生活,房间里不过一张木桌,一块案板,一些油盐酱醋。如果不是桌子上的笔筒里插着数十支毛笔,如果不是墙上挂着他画的水墨画,谁也不会把这个普通的中年男人和曾经的大画家、大校长联系在一起。

油瓶之侧便是笔墨,一手烟火一手诗,也许这才是真正的林风眠吧。这一生不做他想,只愿画画,纵然被命运挟裹着蹚了几次浑水,他还是站起来拍拍身上的泥水,干干净净地走了。

在这里居住的时候,国民党中央委员刘建群专程来过一趟,但是一无所获。他走的时候感慨道:"住在这种地方,不是白痴,就是得道之人了。您得道了。"

林风眠对自己这一段生活的评价是：在北京和杭州当了十几年校长，住洋房，乘私人轿车，身上一点人气几乎耗光了。你必须真正生活着，能体验今天中国几万万人的生活，身上才有真正的人味，作品才有真正的生命力。

扎根在土壤里，做一个接地气的人，也便能画出接地气的画。

林风眠作品《蓝色花》

在别人看来，这是苦行僧的生活，这简直是自我惩罚。所以普通人也就是普通人，物质为乐，追求安逸。林风眠想得开，在这样的世道中，有所得，便会有所失，他想要的是纯粹，便只能舍弃世俗之安稳。

吴冠中是这样描绘恩师这段生活的："卢沟桥的炮声惊醒了林风眠为艺术而艺术的春梦。随着全校师生，随着广大人民，他坠入了苦难生活的底层，滚进了国破家亡的激流……这是林风眠的诞生！"

林风眠不是坠入国破家亡的苦难，这其实是他的一种选择，他一生纯粹，无法面对纷繁复杂的人世，物质上的清苦，反而比精神上的难捱要好过得多。他虽然做过风光的校长，但他是山野长大的孩子，他不怕苦，不怕清寒，他最怕无法保持纯粹。

第五节

风眠体横空出世

在这里，林风眠放弃了油画，用全部的精力和时间来画水墨画。

一个人，一间屋，收入微薄，生活简单；没有家人，没有亲友，清静，也清寂。一种淡淡的孤独，无法排解的孤独，围绕在身边。他每天都在画画，画的题材也丰富多样，但是纵观这时期的每一幅画，也都似被这淡淡的孤独笼罩。

想陶渊明隐居的时候，也是一个人，一间屋，一块地，种菊喝酒，也是笼罩着淡淡的孤清。孤独，是与生俱来的营养品吧，恰到好处的时候，它能滋养性情，完成潜意识里的生命使命。

林风眠依然是那个不断探索、创新，寻找突破的艺术

林风眠作品《伎乐》

家,他开始研习宋画。这在之前是没有过的,无论是临摹《芥子园画谱》阶段,还是出国回来之后,再到流亡那一路上,尽管已经开始着重水墨,却并没有时机和大块的时间来研习宋画。隐居之后,所有的俗务都远去了,他翻出了宋画。

林风眠研习宋画,渐渐受到启发,开始学习宋画小品构图法,形成了方纸构图布阵。这一尝试,便形成了著名的林风眠格体,风靡一个世纪,到今天还被人所推崇。

林风眠在这里除了吃饭睡觉,不会受到任何打扰,而吃饭睡觉是可以压缩再压缩的,他没日没夜地画,水墨淋漓中,他的画,气韵之美越发迷人。

斗方绘画,其实是受纸张制约的。方纸构图,本身就存在挑战性,当代绘画不像宋代,注重文人感觉,画面往往简单,留白完美,诗画一体,余韵悠长。林风眠并不注重文人画,他习惯将整个画面都构图完整,根本就没有题诗题字的位置。

将所有的题材都融于方纸间,并不容易。林风眠自己创造了这个麻烦,又着手解决这个麻烦,最后的结果是,他终于在构图上打破矛盾,真正做到了斗方间融万物,所以他的风眠体,脱胎于宋画,却又不同于宋画,相比较,林风眠笔下的线条更简约,意蕴更偏向写意,与宋画小品精致到纤毫毕现又层层分染的工笔画法完全不同。

探索、追寻,并不断改变,始终是林风眠的目标。

后来他在《林风眠谈艺录》中也曾提到关于方纸布阵:"我为什么都采用方块构图呢?这是中国宋画的传统。"

林风眠在这里居住到抗战结束,这七年的时间,他就只做了一件事:画画。画斗方,在斗方间融汇万物。

这期间,他的线条与色彩运用技巧都达到了炉火纯青的地步,他画得飞快,心无旁骛。

据李可染、席德进等回忆,他的屋里总是放着厚厚的裁成方形的宣纸,画起来很快,有时一日能画数十幅。

风眠体风靡一时,却一直毁誉参半,喜欢的人非常喜欢,传统的人就非常不喜欢他的这些改变。

心安静了,在题材上也摒弃了表现现实。他这个时期画的画,大多是风景、花鸟、仕女、静物、淡淡的,悠然的。你看着画,画也看着你,将你带入一个悠远的夏日午后中去,一点闲愁,半分孤独,但是内心是安静的。

而这之前,林风眠执着于向现实开刀,画的都是沉重的作品,以笔为刀,刺向一切的不公平和残酷。

自称是"好色之徒"的林风眠,不但在水墨画上独创出风眠体,还在色彩上摒弃前人,进行了大胆尝试。

中国画发展了几千年,水墨为上,追求古雅清淡,最忌色彩杂乱浓重,一旦画面色彩深重,便被认为格调不高。林风眠根本不管这些,他如一个任性的孩

Lin Fengmian

林风眠作品《捉放曹》

子,在色彩间徜徉,为了保持色彩的厚实感,他先用水粉厚厚在生宣上走一遍,颜料中融入墨色,用厚重的水粉或者墨色托色。这样一来,居然完美解决了墨一下子渗入宣纸时迅速晕开、四散的问题,将颜色都固定下来了。这样一来,颜色是浓丽起来了,却失去了色入生宣后自然洇开的流动性与随意性,也失去了最重要的淡雅性。

说到底,林风眠用水彩厚涂生宣的做法,其实还是来自油画。他的画,比油画的厚重感来说,颜色更轻薄清透了;比传统的中国画来说,又过于浓丽了。在这两者之间,他一点点探寻着途径,一点点尝试着新意。

他的画无标题,也很少题款。

他研习宋画,却绝不要宋画的轻微淡雅,更不允许自己的画融入诗文,但是他也有途径将感情倾注宣纸中,产生了另外一种神奇的效果,既有油画的真

林风眠作品《篱笆女人》

实感,又有中国画的气韵,却又两者都不是。

他注重线,却并不认同书法对线的重要性,他的线条炉火纯青,却从不接触书法。在面对传统的时候,林风眠有时候像个反叛者,他大概是唯一一个画中国画却对书法不屑一顾的画家了,他甚至连给画题字都懒得题。

他始终认为,书法和绘画是不同的东西。这个说法也遭到了很多画家的异议。

但是也正是这样的非议与创新,让林风眠创造出了风眠体。也是风眠体成就了后来的林风眠。他就是他,独一无二,和任何一个画家都是截然不同的。

第六节

再回艺专

抗战胜利后,对林风眠的改变就是,他自由了。

他几乎是怀着迫不及待的心情回到了杭州的家。醒也思梦也念的花园别墅,已经变成了日本人的兵营,精心设计的花园变成了日本人的马厩,在柏林和法国画的那几幅反映人间疾苦的巨幅油画,曾经震惊画坛也震惊蔡元培的画,都被日本人拿来作养马的帐篷。几番寒来暑往之后,这些珍贵的艺术品,他前半生最有价值的画作,只在角落里能找到一点零星的碎片了。

日本人撤走了,家的残败却仍然刺痛人心。

这一路,他已经失去了太多,那些挖心挖肝的痛苦堆积日久,已经变得麻木。他捡起那些碎片,脸上没有任何表情,

林风眠作品《春》

多少往事都被风吹雨打去,往日辉煌也似乎与今日无关了。

林风眠将上海的妻女接到杭州,一家人连同朋友一起打扫了很久,却也没有恢复这栋小别墅往日的温馨。他爱杭州,将杭州当作故乡,这是他殚精竭虑创业教书育人的地方,这是他认定的故乡。

杭州解放,百废待兴,在周总理的主持下,文艺事业焕发出了新的生机,每个人都喜气洋洋,感叹好日子终于又回来了。

事实是,一切都在好转,但是不可否认,艺术在没落,人们的整体审美下滑了一大截。面对这样的大环境,林风眠很绝望,也很悲凉,艺术可以拯救心灵,营造美,却无法撼动大时代。

林风眠回到杭州艺专,此时的校长是曾经的学生刘开渠,尽管他自己只是被聘任为教授,主持林风眠画室,但他还是开心的。林风眠从来也没有对名利身份这些东西在意过,他在意的只有艺术,艺术的春天来了,他在哪里工作都是高兴的。刘开渠也是个单纯的人,他高高兴兴地对林风眠说:"周总理也支持文化艺术呢,他要我来这里,帮你办艺专。"

  林风眠兴致勃勃,按照毛主席的指示,愿意将艺术带到民间去,这也契合他艺术民众化的理念。他带着学生到农村去写生,画劳动人民,多艰苦的条件都没有怨言,喜悦是从内心里焕发出来的。

  但渐渐地,便觉得不对了。

  艺专的教学方式经过了一次又一次地改造,最终的方向变成了以宣传画为主要题材。

  1951年,杭州艺专改为中央美术学院华东分院,林风眠被免职。这一次,他知道再也没有回头路了。

  林风眠离开了他心心念念的艺专,离开了杭州,只身来到上海。

  这一年,他52岁,距离风华正茂创办杭州艺专,已经过去了24年。大半生的时光过眼,他提着行李最终还是离开了这里。

  唯剩一声叹息。

  没多久,爱丽丝带着蒂娜移居巴西,这中间的曲折故事一言难尽。妻女再也没有回来,林风眠一直一个人生活,直到老去。只是,若故乡没了家人,也就没有意义了。

  林风眠从杭州回到了上海,妻女走后,依然是一个人,依然类似隐居,依然用大量的时间来画画,写文章,写论文。不同的是,生活条件变好了,虽然家人不在,朋友却多,生活毕竟是好了。

  战争结束了,改变了很多,林风眠再也不是那个为了艺术教育而充满热情的师长,此时的他,只是一位画家,除了一支笔,一无所有。

  一切都是新的开始,中国绘画史也因为这场战争,因为林风眠在战争期间隐居时创造的风眠体,而出现了新的分水岭。中国画由此,便是林风眠之前和林风眠之后。在从远古走来的这条路的一侧,他打开了一条新的路。后来的吴冠中,便是延续他的路走下来了,终成一代大家。

林风眠作品《歇》

去上海,办画展,国民生活恢复了,林风眠也迎来了更好的时期,他艺术的顶峰时期。这个时候的画就更多了,是一种喜悦的宣泄,依然是没日没夜地画。

他全部的身心都放在了画画上。

他说:"要用色响亮,因为色彩是画家的生命。"

在上海,林风眠彻底成了没有单位、没有组织的人,这番处境,远远不如在重庆隐居的时候。在重庆的时候,他还挂了一个闲职,后期还定期去重庆大学上课,他还不是孤家寡人。这一次,真的是闲云野鹤了,他不属于任何单位、任何组织,也就等于没有了任何收入。

妻女离开了,工作没有了,现在的生活真的只剩下画画了,林风眠潜心画画,也卖画。先是卖之前在重庆画的,卖了一批,直接卖给鲁迅文学院,继而又把收集了很多年的唱片也都卖了。按说林风眠这样身份的画家,虽然无职,但也是举足轻重的人物,多少人想买他的画,但是尴尬也尴尬在这里,他的画太贵了，想买的人买不起，买得起的人不敢买，谁也不知道未来风向如何，林风眠会何去何从。一时间，他手里的画价值不菲，却没有分文生活费。无奈，林风眠托付爱丽丝，让爱丽丝将画拿到她们法国人的圈子里去，这样才陆续卖掉一些。妻女移居巴西后，也没有生活来源，林风眠便将剩下的几箱子画，都让她们带去了。

1954年，他唯一一次跟组织又有了联系。上海第一届政治协商会议召开，林风眠应邀参加，成了第一届委员，出席了会议，因此遇见了傅雷。从那之后，林风眠便跟傅雷夫妇成了朋友，两个家庭走得很近，关系密切。朋友，成了林风眠最安全的港湾，他所需要的支持与肯定，在朋友这里，完全都得到了，他又开始像孩子一样，单纯的画画、探索。

林风眠自己居住在一个小小的房子里，在上海这样的地方，这种小房子比比皆是。一个月八十块房租，有浴室有卫生间有厨房，他本就具备自己生活的能力，生活起来完全没有问题。只是，没有了杭州花园别墅的大画室，他画起画来，没有那么随意和舒适了，这些都难不倒他，他是在仓库和茅屋生活过的人。

在这里他又画了大量的水墨画。就是这个时候，他开始接触戏剧，画了大量以戏剧人物为题材的画，如《南天门》《宇宙锋》《梁山伯与祝英台》等。也是在这个时期，他写了重要的论文《美术界的两个问题》《要认真地做研究工作》，还出了两本书，一本《印象派绘画》，一本《林风眠画集》。

他并没有困顿下去。上海这些年，他孤独，也开始享受这份孤独；他忧伤，又将忧伤融入画作中。所有的情绪和命运，都悄无声息，化成一幅幅作品。他是林风眠，承上启下的一代宗师，注定不会寂寂。1961一年上海美术馆举办的上海花鸟画展中，展出他的《秋鹜》等四幅作品；1963年，上海美术馆又专门举办了一次林风眠画展，这次一共展出了他的七十余幅作品；1964年，香港大会堂举办林风眠画展……

此时，林风眠已经65岁了，大半生功绩，大半生蹉跎，都在这些画纸上过

林风眠作品《宇宙锋》　　　　　　　　　　　林风眠作品《京剧人物》

去了。

　　如果日子就这么平淡无奇，清贫地过下去，也不失为一种福气。可惜，时代的滚滚洪流中，大师也好，百姓也好，都不过一粒微尘，被裹挟着，是躲不开的命运。

　　这一年，林风眠67岁，已经进入暮年，正要享受晚年的时候，"文革"来了。

第九章

历劫,十年浩劫噩梦生

LIJIE SHINIAN HAOJIE EMENGSHENG

林风眠说：从历史方面观察——民族文化之发达，一定是以固有文化为基础，吸收他民族的文化，造成新的时代，如此生生不已的。

第一节
毁掉的艺术与美

1965年11月10日，上海《文汇报》发表的姚文元《评新编历史剧〈海瑞罢官〉》一文，是引发"文化大革命"的导火线。文章点名批判北京市副市长、明史专家吴晗，实际上涉及中央领导层在许多重大政策问题上的不同意见。

1966年，"文革"开始铺天盖地席卷中国大地。

上海《文汇报》首当其冲，在《文汇报》发表文章的知识分子们也都受到冲击。上海美术家协会、上海中国画院，林风眠挂名的这两家单位，都排在右派名单上。

他的好友傅雷家被抄了，夫妇二人被抓走批斗，连续批斗了四天三夜。一周后，傅雷家的女佣发现傅雷服毒自杀，夫人则在窗口自缢了。

林风眠作品《人生百态—逃》

　　听到这个消息的林风眠浑身冰冷,几欲昏厥,他与傅雷夫妻相识相交二十年。二十年的老友坦诚相见,互相抚慰;二十年的交情淡如水,也浓如血。林风眠悲痛难安,他知道自己也在劫难逃!

　　傅雷夫妇死后,他想了一夜,他的那些画与其等待被红卫兵搜出来毁掉,还不如自己亲手把它毁掉,只要有人在,总有再画画的时候吧。

　　第一次画作被毁,还是抗战刚开始的时候,他带领学生们逃向江西,无法带走的大量油画,都毁在了日本人的炮火下;第二次画作被毁,也是日本人,他们占领了他的别墅做大本营,将他心爱的油画做马厩的遮雨棚;这是第三次,需要自己亲手毁掉画作。

　　他先是关紧了门窗,将画都搬出来,一张张投到火炉里去烧,可是宣纸和颜料水墨凝结,烧起来烟太大了,熏自己不要紧,这样冒烟,如果被外面的人发现了冲进来,可是罪上加罪,不能再烧了。他又想了一个办法,将画撕碎,泡在浴缸里,等泡成纸浆后,再放进马桶里冲下去。这一夜,林风眠就这样重复着,撕画、泡成纸浆、倒进马桶……上千张画,日积月累下来的精品,就这样付诸马桶,最后,下水道都被堵住了。

他每融掉一张画,内心都感到无比的痛。最后,他已经接近麻木,只是机械式的,撕着,泡着,冲着……

这一夜,林风眠亲手毁掉了几十年来的几乎所有的画。

这一晚,世界依然,谁也不知道这个小小的二层小楼里,发生了什么惊天动地的事,说也说不清,这毁掉的上千张精品,价值几何!

清晨,林风眠走出房门,一轮红日照常升起。大自然日夜交替,四季更迭,根本不理会人间的疾苦。

对林风眠烧画的情景,他的义女冯叶这样回忆:"'文革'之初,她的父亲冯纪忠被当作'反动学术权威'在学校批斗,她就躲在林风眠家中。在抄家前的两三个星期中,义父就开始了大规模毁画行动,先是撕去几张,投进壁炉中烧。但当时是夏天,周围都有人监视,烟囱冒烟可不是好玩的。所以义父就改为将画都浸在浴缸之中,慢慢地做成纸浆,他多次说过,'我不要连累任何人,我不要留下任何一张可以作为证据的作品,我要亲手毁了它,我还会再画。'……后来发现,楼下花园中有一个陌生的女人在监视,义父看情形不对,翻出了最后一批,他一直舍不得毁掉的精品,沉进了浴缸。义父低着头,一言不发地做着纸浆,他是那样冷静,那样坚毅,又是那样决绝,一反平时见惯的和蔼可亲。那种阴沉的气氛,直到今天仍是挥之不去。"

第二节
莫须有罪名入狱

　　但即使毁掉了画作,也未能逃脱厄运,在那样一个疯狂扭曲的时代,谁也无法幸免。不到两年,林风眠便以"特务"的罪名被抓进监狱,关押在上海市第一监狱,这一关,就是五年。年近七十的老人,步履蹒跚,身心俱疲。一生以单纯之心画画,以纯澈之行入世,到头来,却成了阶下囚,受尽人间苦楚。

　　在监狱里,每天重复的都是屈辱,循环往复的提审,逼他交代"罪行"。他没什么可交代的,于是被打,将他的双手反铐。铐的时间久了,手铐就会深深勒进肉里,两只手腕都肿着,后来就变紫。这样一双画画的手,在这里,便是连动物也不如了。

林风眠作品《飞鹜》

学生席素华负责给老师送饭,那些人却不允许他吃,席素华只能将饭倒在脸盆里,让双手倒铐着的林风眠,俯下身来趴在脸盆上吃……他本来就瘦,年纪又大,身体很不好。

五年监狱之苦,林风眠唯一的温暖与慰藉便是席素华这位善良的女学生。尽管自己的生活也不好过,但是她一定会抽出时间和精力照管监狱中的林先生,包括送饭、送衣物、送营养品、药品、生活用品等,凡是先生需要的,她都尽量去弄来。先生在上海没有家人,却又受家人之累——因为太太是法国人而被当作"特务",他有朋友,朋友却都遭了殃,谁也顾不了谁。席素华以女性特有的细腻温情与善良,照顾着先生。林风眠在狱中,唯一的指望,便是这位学生了。

那些人逼他承认自己是日本特务,林风眠始终冷笑相对。

在狱中的时候,他们会发他纸笔,让他写交代材料。林风眠便在狱中写了

《自述》，回忆了自己这大半生的历程："我出生于广东梅江边上的一个山村里，当我6岁开始学画后，就有热烈的愿望，想将我看到的，感受到的东西表达出来。后来在欧洲留学的年代里，在四处奔波的战乱中，仍不时回忆起家乡片片的浮云、清清的小溪、远远的松林和屋旁的翠竹。我感到万物在生长，在颤动。当然，我一生所追求的不单单是童年的梦想，不单单是青年时代理想的实现。记得很久以前，傅雷先生说我对艺术的追求有如当年我祖父雕刻石头的精神。现在，我已活到祖父的年龄了，虽不敢说是像他一样的勤劳，但也从未无故放下画笔。经过丰富的人生经历后，希望能以我的真诚，用我的画笔，永远描写出我的感受……我现在认识到，中华人民共和国成立后没有真正好好学习毛主席的伟大著作，自己过去出身贫苦工农，但受了资本主义反动的封建主义教育，在思想中根深蒂固，因此忘了本，干了许多对人民对社会主义建设的坏事，犯了许多罪，深深感到自己的一生没有做过有益于国家人民的一件好事。今年我72岁了，希望能得到政府宽大处理，在我活着的每一天，希望能干一天，改造一天，为国家人民做一些事，这是我的希望。今后一定认真学习毛主席的伟大著作，用毛主席思想，猛促灵魂来改造自己，成为一个新人。"

他在狱中写下一首诗《自嘲》：

"我独无才作画师，灯残墨尺夜眠迟。青山雾里花迷径，秋树红染水一池。

犹忆青丝魂已断，谁知白发共难期。山村溪水应如旧，片片浮云处处诗。"

所有的苦难都有尽头，所有的不公都会有平反的一天，他默默忍受着，也默默等待着。

第三节

出狱亦苦

五年后,周总理审查上海被拘留的文化名人名单,发现了林风眠的名字。周总理和林风眠在法国有过一面之缘,周总理还曾邀请他加入共产党,他拒绝了。这次,周总理为他说了一句话,这句话将林风眠从水深火热中救了出来,周总理说的是:"没有确凿证据的,都放了吧。"

林风眠被抓,一直没有确凿证据,因周总理这一句话,他终于获得自由,被放了出来。

林风眠回到了那栋落满灰尘的二层小楼,他毁掉了大量画作的地方。女儿的画像还挂在房间,还好还好,林风眠端详着今生最疼爱的女儿的笑脸,终于没有坚持住,两颗浑浊的泪珠落了下来,痛彻心扉。他已经很多年没有见过女儿

林风眠作品《风景》

了。他经受的这些苦,女儿或许完全不知道。他将画像摘下来,在背面写了一行字:"人生难得是欢聚,唯有别离多。"寄到了巴西,寄到了女儿手里。

林风眠后半生都在思念女儿,这是她唯一的爱女。只是命运太残忍了,一直到最后,他也没能跟蒂娜有长长久久的相聚,没有享受到天伦之乐,总是匆匆见面又离别。命运强加给这个老人的苦难太多了,多到容不下亲情,容不下平安。

出狱后的林风眠,再也不敢画画了,他将画笔都丢弃,缩着头过日子,尽量让自己低调一些,再低调一些。病了,便自己买些药吃;饿了,熬一锅粥可以吃好几天。他尽量让自己活得静悄悄的,宛如空气,再也不想惊动那些人,再招来麻烦。

林风眠出狱后,黄永玉有一次到上海,特意去拜会过他。后来他在悼念文章中回忆那次见到林先生的情景:"一进门,这位七十多岁的老人正抱着一个差不多七八十斤的煤炉子进屋。那时,他自己一个人生活已经很久了。"黄永玉说林先生的状态:"一个伟大的艺术家照顾着一个伟大的艺术家。"

这个伟大的艺术家,谨小慎微,总怕连累别人。毁画是怕连累别人,这次闭门谢客那么久,也源于不想连累别人,起因也是黄永玉。

就是这次拜会,被人告密,说黄永玉到上海见林风眠,是一次不平凡的"活动",说两人"煮酒论英雄"想搞事情,要追查这个二人小团体的活动。黄永玉无畏地说:"林先生论年龄、学术修养和其他的许多方面,是我老师的老师,我怎么能跟他搞什么所谓的'煮酒论英雄'……简直荒唐!"

这次事件因为没有证据,没起什么风波,但传到林风眠耳朵里,他却吓了一跳。他以亲身经历仔细想想,便再也不敢见客了。

席素华夫妻仍然照顾着他,这时义女也长大了,林风眠就像他们的家人,不想见人了,就躲到他们家去。除了席素华一家,他不再见任何人,他的门整天锁着!

第四节

赵无极长跪救恩师

出狱后林风眠的日子并不好过,不能画画,对于一个画了一辈子画的人来说,这样的生活简直无趣至极;贫苦闭塞,没有什么生活来源,身体老迈,行动不便,一切都要靠自己;造反派并没有放过他,他们仍然监视着他。林风眠要做的事太多了,要遭遇的白眼也太多了。

他像一个影子一样,又像一个幽灵,生活在这里。

直到有一天,他忽然接到通知,说有外宾要接见他。他想不到外宾是哪个,只好匆匆赶去,没想到竟是三十余年未见面的学生赵无极。昔日青春飞扬又叛逆的赵无极,也被岁月染上了沧桑。此时的赵无极,早就远赴法国留学并定居,成为法国上流社会人士,巴黎国立装饰艺术高等学校的教授,并获法国骑士勋章。现在他竟然成了外宾!

赵无极见了恩师,急匆匆向前奔了几步,来到林风眠面前,突然跪倒在地,默然落泪,长跪不起!林风眠缓缓弯下腰去扶他,他却将头伏倒在地上,任由泪水滴进泥土里。老迈的林风眠已经没有力气将他拉起来,也不好任他这么跪着,便俯下身去,师生二人抱头痛哭。

这次和赵无极见面后,林风眠的日子终于好过一些了,造反派们对他没有那么凶了,这么一点小小的改变,已经足以改变林风眠的处境了。

后来,林风眠跟人说起这次相见,感慨道:"这是赵无极要救我呢,一个得到外宾如此重视的人,造反派也就不敢对我怎么样了。"

赵无极是杭州艺专的第一批学生,也是那一届最调皮捣蛋的学生。他经常逃课,或者不好好画作业,乱画一通,经常将国画老师潘天寿气得要开除他,林风眠却十分爱惜这个学生,不但屡次宽容他的恶作剧,还悉心教导,一直护在身边。后来赵无极毕业后,又是林风眠将他留在艺专任助教。对赵无极来说,师恩难忘,师恩难报。

赵无极身上有林风眠的影子,他曾说:"我不怕老去,也不怕死亡,只要我还能拿画笔、涂颜料,我就一无所惧,我只希望能有足够的时间完成手上的画,要比上一幅更大胆、更自由。"

第十章

定居香港，晚景辉煌

DINGJU XIANGGANG WANJINGHUIHUANG

一位享有国际声誉的画家，一位当代美术宗帅、现代美术教育的奠基者，具有独创思维并且成功将中西美术完美结合的艺术家，魂留香江，情归故土。

第一节

人到暮年，远离故乡

林风眠思念远在巴西的妻女，这份思念入骨入心，他恨不得立刻飞过去找她们，然而探亲的申请递交了一次又一次，一直没有被批准。

有人便不合时宜地问："为何不让夫人回来呢？"

林风眠苦笑，一句话也没有说。

1977年10月，在叶剑英元帅及其弟叶道英的关照下，林风眠获准出国探亲（他与叶剑英为梅州同乡，读中学时坐同桌）。他被允许带走三十四幅旧作，换得购买一张从香港到巴西的单程机票的外汇。

这次审批下来，林风眠怕生变数，于是匆匆整理行囊。太多的东西无法带走，也来不及整理，扔的扔送的送，一批印章，竟然连夜磨去了字迹将石头收了起来——实在是带不走了！虽然得到了审批也还是战战兢兢，连夜到了广州，径直上了飞机。直到飞机起飞的那一刻，他才放下一颗心——真的离开了，真的离开了，这片火热的土地，热爱的土地，眷恋的土地，不知什么时候还能再回来。

年迈的老人，跟着飞机冲上云霄，他想到了故乡，令他又爱又恨的故乡。

林风眠在香港

他只带了三十四幅作品，剩下的作品，悉数赠送给上海中国画院，也有人说，这批画并不是林风眠赠送的，而是得知他要走，上海画院硬生生扣下的。这批作品是林风眠艺术巅峰之作，十分珍贵，后来林风眠作品大热，这批画便成了上海美术馆的镇馆之宝。还有一说，说林风眠晚年出国需要钱，便将大部分画都贱卖给美术馆了。无论是哪种情况，这批画，确确实实是留了下来。

林风眠是悄悄走的，这么憨厚的、单纯的、善良的、充满热情的老人，他是有多么舍不得身边的这些好友学生……

临行前，林风眠把带不走的画全部赠予朋友。

寄给学生吴冠中的是一幅青蓝色调的《苇塘孤雁图》。吴冠中当即复信，并附上一首诗："捧读画图湿泪花，青蓝盈幅难安家。浮萍苇叶经霜打，失途归雁去复还。"他后来回忆收到老师画作的情景，双手颤抖，眼睛也湿了。想到老师此去，也如孤雁一般，便忍不住心内悲凉哀痛。

送给黄苗子的是一幅《芦苇孤雁图》，跟吴冠中的稍稍有些不同，却是一样孤独忧伤的调子。

送给吕蒙的是一幅色彩鲜艳的《大理花》。

送给巴金的是一幅《鹭鸶图》。提到这幅画，至今仍挂在上海武康路113号巴金故居的客厅中……

第二节
拜祭先生，探望妻女

到香港后，林风眠马上去祭拜了蔡元培，没有见上先生最后一面，是林风眠后半生之痛。蔡元培1940年在香港去世，时年72岁。本就有病的他，听到爱女蔡威廉噩耗，很快就支撑不住，某天早上，一口鲜血倒地，再也没有醒来。

蔡元培去世的时候，林风眠正在重庆隐居，住在简陋的仓库里，没日没夜地画画。噩耗传来，他悲痛万分，却没有办法去送他最后一程。对于林风眠来说，蔡元培不仅仅是时代之魂，亦师亦友，更对他有知遇之恩。没有蔡元培，就没有后来的林风眠。

这位以校长身份领导一所大学对一个民族和一个时代起到转折作用的，除蔡元培外，再也找不出第二个来的大师,死后却一无所有,连棺木都买不起,就葬在香港华人永远坟场。这是个三面环山、一面临海的墓园。

林风眠到了香港,不顾旅途劳顿,就匆匆带着一把白菊来到墓地。

此时先生已经去了三十多年,一块小小石碑,是著名词作家叶恭绰刻的:"蔡子民先生之墓"。端肃庄重,一派静默。

林风眠90岁高龄时来到蔡元培墓前祭奠恩师

林风眠缓缓抚摸着墓碑,冰凉的石头,没有一丝温度,可是他能感知到先生一直就在身边,这简简单单的石碑,便是一位大师最后的、永远的归宿了。对于那个时代的人来说,蔡元培是革命家,是教育家,是为了一代人奔走,宁折不弯的先生风骨的代表。内地、香港,每年都有纪念活动举行,香港浸会大学还将学校一座建筑命名为蔡元培堂,每年主办蔡元培节。但是对于林风眠来说,蔡元培不仅仅是一位伟人,更是他的忘年之交,他们亦师亦友,这一生的几次转折,都跟先生有关。第一次邂逅在法国画展,他才二十出头,蔡元培便顶住所有压力,推荐他做北平艺专校长;南下后,又推荐他做杭州艺专校长;后来甚至叮嘱女儿女婿,不要离开,不要做官,要留下来帮助他好好办学校……这份如海一样深厚的托付与信任,在很大程度上也成就了林风眠。这份知遇之恩,这份信任之情,这份不曾报答便天人永隔的遗憾,一点一滴都在心头,永生难报。

也已经老迈的林风眠,手扶墓碑,百感交集。

林风眠与外孙杰拉德（右）、妻子艾丽丝（左）

探望完先生，他便起身去巴西看女儿，分别十几年，蒂娜的脸上已经有了岁月的痕迹，外孙也已经上学了。父女亲人相见，悲喜交集，大哭了一场，爱丽丝已经老了，没有办法跟他去香港，只能随女儿女婿生活在巴西。林风眠没有说动他们离开那里，住了不到三个月，享受了短暂的天伦之乐，便返回了香港。一方面准备画展，一方面，他也不习惯巴西的生活。

第三节
定居香港，晚景辉煌

对林风眠来说，香港是个陌生的地方，也没有特别的亲人朋友。那个年代的香港，比内地时髦和先进很多，年轻人都会喜欢，可是对于林风眠这样一个老人来说，他已经不愿意再去接受这样的新鲜事物了，安静温暖才是第一选择，他并不喜欢香港的繁华与文明。

林风眠曾经描述过初到香港的生活，带着小小的厌烦，他说香港房价并不低，也没有什么事可做，整天就是看电视。电视节目倒是很多，却都不感兴趣，觉得庸俗。他还吐槽香港街上，男女都难分辨，年轻人穿得花里胡哨的，还说香港物价高，吃饭像吃钞票一样，在这样的地方没钱真的会饿死的。此时，他的身体也不是太好，老胃病时时折磨着他，精神也不好,却又没有一个更好的地方可去了。

初到香港,他是感到恐惧的,没有安全感的。他本身就是个严重缺乏安全感的人,到了老年,突然要融入这样繁华的环境,不能不感到难过、惶恐。

香港车多物价贵,人与人的感情也淡漠,有距离感。香港的空气都是污浊的,人海茫茫天涯零落之感特别强烈。他想念杭州的别墅花园,其乐融融的家庭生活,他思念上海邻里朋友之间互相帮助,亲如家人的感觉。他觉得自己是一片叶子,飘荡在香港这样一个陌生的城市。

他可以离开的,随时都可以。

可他还是决定留在那里,作为永久定居之所。

最大的原因就是:香港的冷漠繁华下,是个人的绝对自由。在这里,没有人管你是左派还是右派,知识分子还是小工人,大家各自生活,各不相扰。他享受这份思想上的自由。还有一个原因就是,他在这里能最大限度地画画、卖画,明目张胆地卖画,不会有人再管这些事。画是他的劳动所得,是思想与一生的积淀,他想画就画,想卖就卖,痛快!

见不到亲人,回不去故乡,不能画画,不能自由地做自己想做的事,对一个视艺术为生命的老人来说,是最痛苦的。

就算后来在香港卖画也不是很容易了,他还是没有离开,相对来讲,在那个年代,还是香港的空气更自由一些。

不是亲人在侧的巴西,不是日思夜想的故乡,而是香港,这很大程度上,是因为香港的相对文明与通达。说白了,还是为了他心心念念的艺术。香港是包容的,豁达的,没有内地的闭塞与拘束,也没有巴西的格格不入,总体上来说,在香港,自己还是个中国人,在这一点上,他的心又是安慰的。

但是初到香港的林风眠是很艰难的,身体老病,没有亲人,没有钱,没有收入,只有一个堂弟照顾他。但就算是亲弟弟,成家之后也都有各自生活之繁琐,所以林风眠大部分时间,其实还要靠自己。

林风眠作品《秋鹭》

  有一段时间，林风眠简直是疯狂画画，来到香港后，虽然不是太适应外面的生活节奏，也不太看得惯一些流行的东西，但是他在精神上是自由的了，可以画画了。于是，他凭着记忆没日没夜地画，他发誓要把毁掉的那些画都重新画出来。

  当初毁画的时候，他就抱定了这样的心思：人在，画就在，我从前能画，我之后也能画。一个身体纤弱的艺术家，在这方面是如此霸气，当然，这霸气也来自底气。

  后来有人说，林风眠到香港后，突然涌现出一大批作品，可见他在"文革"中毁画毁得并没有传说中的那样狠，他还是有所保留的。

  这就只能说明他当时是将画藏起来了，可是在那种情况下，造反派已经仔细搜了他的家，也只搜出一箱子画来，几十年积攒的作品，那么多那么多……

林风眠作品《秋景》

又不是一两页纸,能藏在哪里呢?

唯一的解释就是,他把毁掉的画再次画了一遍。一个精神矍铄的老人,把自己关在小房间里挥毫泼墨,没有交际,也没有外出杂事,唯一的正事就是大量画画。所以当春风终于吹遍祖国大地,林风眠的画突然身价暴涨之后,他在香港画的这一批,也开始流回了内地,流向了收藏家的手中。

当然会有差别,画画是时间的艺术,随着时间的流逝,感悟、意境、技法都会有细微的变化,这个时期的林风眠,经历了人生的大风大浪,技艺炉火纯青,他已经画了快一辈子,研究了快一辈子,此时的作品,必然比之前的作品更精到,更好了。

旧作代表了他一个时期的绘画风格,那个时候的林风眠,是安静的,静物、仕女、花鸟,还有在上海画的一批戏曲人物,都带有很鲜明的时代特色。

香港时期的林风眠,虽然年迈身体已不如以前,但是这个时期的林风眠,却是一生中画画最辛苦,最勤劳,作品最多的一个时期,当然,也是他卖画最多,作品被收藏最多的一个时期。

林风眠一生酷爱杭州,将杭州当作第二故乡,他尤爱西湖,当年选校址就选在西湖边。自己的家也建在西湖附近。

到香港后的林风眠,大量画画,题材大致分为三大类,一类是补画,这个就不用说了,根据回忆来画。

第二类便是西湖诸景色,这也是一种别样的乡愁吧。

他说过:"在杭州时天天到苏堤散步,饱看了西湖的景色,并深入在脑海里,但是当时并没有想画它。在上海时最多画的是西湖秋色与春色,嫩柳、小船、瓦房、睡莲,无限宁静优美。"他将西湖画得又静谧、又明亮、又美,这些画,和后期那些甜美的仕女一样,被很多人疯狂喜爱。一边画画,一边再回忆起那时候的平静生活,一时温馨一时忧伤。

第三类又十分不同,这是他之前很少画的题材,如修女、基督、梦境,还有中国古代的屈原等。

依然是水墨着色，经典的风眠体方纸构图，着意淡化线条，用色彩与块状来表现情绪，这样的题材和方式，在他中年之后都是多见的。修女、基督，白与黑的强烈对比与撞色，有着信仰的力量，更多的是冷酷与挣扎。宗教是化解苦难，帮助世人解脱痛苦与迷茫的所在。受苦、受难的林风眠，也是想寻找一份解脱吧，但是他做不到，他本身并不是基督徒，所以画宗教题材，只是一种宣泄，连渴盼都没有，他不信什么宗教能真的帮助人来解脱苦难，反倒是美有这个力量。这是蔡元培一生推崇的理念："美育能帮助人心脱离苦海！"只有美能做到。

《噩梦》《屈原》在情感的宣泄上和宗教题材是一样的，而且这两幅画都是大画横幅，宽一米五以上，在他的水墨画中也是非常罕见的。

这些作品和他初到法国的画非常相似，不仅是在法国，一直到回国以后经历军阀混战，林风眠都着力表现这种对现实世界的愤怒与厌恶。这中间隔了几十年半个世纪的风雨之后，在他淡然花鸟和仕女之后，又开始了淋漓尽致的宣泄之路，这样的呐喊，比鲁迅的《呐喊》在内心里还要响亮，还要锋利。

人道与天道，生命与自由，依然是他思索的主题。

三个类别，也像他的三个人生阶段，三段不同的感悟。人的心也是分层次的，一层安然静美，一层痛彻心扉，一层愤怒呐喊。

第四节
频繁画展，名声渐起

在香港定居后，林风眠开始筹备画展，先是小范围展出了一次，引起了一点小的轰动，但是动静不大。

要想把画的价格卖上去，名气大起来，对于一个画家来说，也只有老老实实办画展一条路了：办有规模有影响的画展，扩大知名度。

艺术与生存之间微妙的联系与悖论，就是这样尴尬地存在着，想要纯粹追求艺术，就要承受曲高和寡然后万劫不复。否则还是要落入凡间，落下来，就需要柴米油盐。艺术家也是普通人，需要温暖舒适冷暖适宜，需要一日三餐，也有生老病死，为了维护这皮囊，才能留住这思想。于是，要么折中一下，要么放弃。

林风眠作品《收割》

有阳春白雪,就有下里巴人,逃不过的红尘,躲不开的现实。多伟大的艺术家都一样,曹雪芹最后饿死,凡·高穷困潦倒,他们的艺术才华光芒四射,他们不曾向现实妥协的人生却残如败絮。思想高贵,肉身受苦。

林风眠也一样,许许多多艺术大师都一样,没有家财万贯,就要向现实妥协。

一个只想要安静关起门来画画的老人,却一生都没有获得这样的安静时光。要接受时代洪流的冲击,要迎接各种运动的冲击,要生存,要想各种办法将画卖钱。要是想换成钱的话,就需要迎合市场。所以林风眠在香港卖画的那阵子，为了市场需要，画了很多甜美的仕女画，还有鲜艳的景物、四季，那个时期他暂时放弃了自己的绘画理念。

在这样的不停转换中，保持初心，是非常难的。林风眠要卖画为生，要画大家都喜欢的题材，要将自己的情绪隐去，但这只是一小部分，大部分时间，他仍然在绘画的王国里探索和寻觅。这一次与重庆隐居不同，在繁华的大都市中，他从香港电影的色彩中找到了灵感，创作了一系列色彩鲜丽的仕女和风物。

从巴西回到香港不久，他就开始了埋头作画，准备到巴黎举办一次大规模的个人画展。

想起巴黎，这个古稀老人便五味杂陈。巴黎那段日子已经十分遥远了，那时候青涩、迷茫、孤单，但又充满希望，那是他生机勃发的年轻岁月啊，美好的未来都在眼前！如今，垂垂日暮，那些时光，是再也回不去了，却似乎又回来了。他没日没夜地画画，准备重返巴黎。

赵无极当时已经定居法国，听到老师准备到这里办画展，便写信劝他不要来了，很难成功，但要是回到巴黎玩儿，他是高兴的。林风眠明白赵无极的意思，当时他应该在香港办画展，因为已经有小小的成功，巴黎是艺术的圣殿，但不是商人的天堂，老师在这里办画展，喜欢的人多，买的人少。

之后林风眠又分别在日本办了两次画展，一次是1986年，一次是1990年，两次都是个人画展。画画，筹备画展。去巴西探亲，后来义女来香港照顾他，他的生活总算安定下来了，饮食起居，卖画买颜料，这些琐事总算都有人代为打理了。

有些话他没有对赵无极说。他如此辛苦在巴黎、在日本办展，并不仅仅是为了扩大知名度，而是另有一层动机，那就是让中国水墨画走向世界，影响世界。中国画曾经风靡一时，巅峰长久，却于清末渐渐式微，到了民国更是毫无建树和新意，再后来则完全失去了存在感。那么美的中国画，是应该让世界看看的。

林风眠作品《凭栏仕女》

他后来说:"我是中国画家,也许法国人要看中国画……"

老人的良苦用心,终于在许多年后得到了回馈,中国画走向了世界,中国画在西方与东方都重新取得了存在感。

这样的话与动机,他一直没有说过,却一直默默地在做。终其一生,林风眠是为中国画领航的人,他改变,他创新,他做的这一切,都不过是将中国画回归本源,重振雄风。

他都做到了。

这个颠沛流离的老人,他的心里,始终是祖国,是中国画,是艺术为上。

巴黎画展很成功,他精心挑选了八十幅作品参展。这八十幅画,也象征着他八十大寿。这些作品按照年代划分,展示出不同年代的风格与变化,也展示出一个画家一生的沧桑巨变。

当时的巴黎市长参加了开幕式并剪彩,巴黎博物馆馆长亲自在展览序言中写下这样一段话:"半个世纪以来,在所有的中国书画家中,对西方绘画及技法做出贡献的,林风眠先生当之为冠。"

第五节

星辰陨落

　　林风眠在香港生活了十几年,这中间,他数次去巴西探望女儿外孙,两次渡日本举办画展,一次重返巴黎。之后,他就再也没有离开香港。这十几年,是他出作品最多,作品质量最好的十几年。也是这十几年,他只画画,却没有时间整理出版画册,导致大量的赝品突然涌现,也导致他的画价直线下降。

　　1991年7月,林风眠突发心脏病住进了医院,当时傅聪想给父亲傅雷举办一场纪念音乐会,请林风眠题字,他拖着病躯,写下了"傅雷纪念音乐会"几个字,落款"林风眠",谁也没有想到,这几个字竟成了他的绝笔。

　　第二天他就走了,享年92岁。

最后的时刻，他用尽心力，在纸上歪歪扭扭地写下了四个字："我要回家。"

没有人知道，他说的这个家是哪里，是梅县的小山村？那里有成长的温馨，又有失去的疼痛；是杭州？那里有他最温馨最美好的记忆，家、女儿、学生，心无旁骛的教学和画画，这许多的点营造成一个仿佛世外桃源的世界；是重庆？这里条件艰苦简陋，生存质量降到最低，但是这里的时光精神富足，成就斐然；是上海？这里让他遭遇了牢狱之灾，困苦至极，但是这里有亲朋好友，他们带来的平静与深情从未忘怀；是巴西？高龄之躯，数次往返之地，虽然样样都不熟悉，但，那里生活着他在世上最亲最爱的人……

林风眠赴台举办九十寿辰画展

但，肯定不是香港。

这一刻，身边没有亲人，他孤独而来，又孤独而去。他在人间差不多一个世纪，如今去了，留下巨人的影子，久久不散。

黄永玉在他的《比我老的老头》里面悼念林风眠，写道："九十二岁的八月第二日上午十时，林风眠来到天堂门口。

'干什么的？身上多是鞭痕？'上帝问他。

'画家！'林风眠回答。"

黄永玉是林风眠默默的追随者，林风眠到香港后，黄永玉也在，但是他一直没有敢去拜会和打扰。他在悼念文章里说："我是林先生的追随者，我不是林先生的学生，我跟林先生的来往不多。我自爱，也懂事——一位素受尊敬的大师的晚年艺术生涯，是需要更多自己的空间和时间，勉强造访，徒增老人情感不必要的涟漪。似乎有点残忍。来了香港三年多,一次也没有拜访老人家,倒是一些请客的机会和他见面。"

黄永玉是深懂林先生的人!

这一生,纵有离别终不存怨;这一生,频繁流离备受煎熬,始终心系绘画,纯粹为先,不懂钻营,不擅权谋,不爱政治,不喜阴霾,以一颗单纯之心在现实的泥泞中翻滚,最终洁净不染,初心未灭;这一生,痴心绘画,爱护学生,不计较得失,不曾软弱;这一生很短,短到宇宙一瞬,微尘一粒;这一生又很长,不留遗恨,择一事,便爱了一生;这一生,改变了中国美术史,毁誉都有,却从容淡定。

这一生很值得,这人间,却不值得。他是星辰,照亮了人间一条路,又回归天上。俯瞰众生,他永远都在那里,风眠体一代代传承!

得知噩耗,各界人士同悲,艺术界无不举哀。

木心在《双重悲悼》中说:"林风眠先生曾经是我们的象征性的灵魂人物。"他再也没有用这样的话来评价过任何一位画家,林风眠先生在他的心中,是独一无二的。

香港著名专栏作家蒋韵写了《风中长眠》,描述先生在最后时刻的情景:"老人呼吸逐渐微弱,心脏的跳动已在荧光幕上成为一点,那一点光芒,果然如一颗星星,是这样一颗星星为他引路吗?他已经太累,太疲倦,人世的道路走到了最后一程……在风中长眠的长者,安息吧。"

远在巴西的蒂娜,失去了丈夫,又患着病,没送父亲最后一程。

内地、香港以及巴黎,都在以各种方式悼念林风眠,许多人流泪,感叹一个时代的落幕,这一切,他都永远看不到了。

一位享有国际声誉的画家,一位当代美术宗师,现代美术教育的奠基者,具有独创思维并且成功将中西美术完美结合的艺术家,魂留香江,情归故土。